AF139235

Moldawien
für Unorthodoxe

Eine Bedienungsanleitung

Bernhard Mayer
2016

Bibliografische Information der Deutschen Nationalbibliothek Die Deutsche Nationalbibliothek verzeichnet diese Publikation in der Deutschen Nationalbibliografie; detaillierte bibliografische Daten sind im Internet über http://dnb.dnb.de abrufbar

Herstellung und Verlag:
BoD - Books on Demand, Norderstedt

ISBN: 978-3-7392-2711-5

Inhalt

Einleitung

Jetzt legen Sie doch endlich mal den Reiseführer zur Seite!

Selbstverständlich können Sie sich der Republik Moldau mit penibler Vorbereitung und großer Ernsthaftigkeit nähern. Kaufen Sie sich einen dicken Reiseführer, den es mittlerweile gibt, lernen Sie alles über die Geschichte und die Architektur und schlendern Sie durch das Land mit dem Kopf vergraben in Kartenmaterial und Bücher und erfahren so alles über die Erbauer der Kirchen und Klöster, die Fürsten und Schriftsteller.

Wird das der Sache gerecht? Ich denke nicht. Moldawien ist kein klassisches Reiseland, die bewährten Methoden müssen dort neu überdacht werden. Kein klassisches Reiseland? Ich meine, so mit richtigen Sehenswürdigkeiten, uralten Gemäuern, beeindruckenden Kirchen und so weiter. Das alles hat Moldawien nicht. Verglichen mit dem, was Ihnen in Italien, Frankreich oder auch einfach nur in Unterfranken geboten wird, ist Moldawien ein Zwerg. Die Methoden des Sightseeings die in Unterfranken angewendet werden, sind für Moldawien nur bedingt zu gebrauchen, es sei denn, Sie parodieren die klassischen Sightseeing-Methoden. Dafür würde sich das Land hervorragend eignen.

Dennoch sollten Sie Moldawien unbedingt bereisen. Und tun Sie es jetzt, solange noch kein Tiger-Wirtschaftswachstum aus diesem verwahrlosten aber charakterstarken Ort ein Europa-Einheitsbreidingens gemacht hat. Fahren Sie jetzt hin, so lange die Plumpsklos noch nicht Hygienevorschriften zum Opfer gefallen sind, so lange das Befahren der schlechten Straßen äußerste Konzentration verlangt, so lange man sich mit Händen und Füßen verständigen muss, in Ermangelung gemeinsamer Sprachen. Das Land ist so anders, dass man es gesehen, gefühlt haben muss. Sie müssten weit fahren, um etwas ähnliches erleben zu können.

Nur bitte, nehmen Sie das alles mit Humor. Reisen Sie nicht nach Moldawien mit dem uns so nachgesagten Ernst. Sie tun sich keinen Gefallen. Was auch kommt, nehmen Sie es locker. Ihre Sightseeing-Liste ist ein guter Ausgangspunkt, aber vergessen Sie nicht: der Weg ist das Ziel. Je länger und beschwerlicher der Weg, desto mehr haben Sie hinterher zu erzählen.

In diesem Sinne soll Sie dieses Buch auf Ihre Reise vorbereiten. Sie erfahren einiges über die Besonderheiten von Land und Leute. Wenn ich es schaffe, dass Sie nach Lektüre dieses Buches sagen: jetzt erst recht, dann war meine Mission erfolgreich. Wenn Sie dann nach der Reise nach Hause kommen und sagen: war doch gar nicht so schlimm, dann entschuldigen Sie die maßlosen Übertreibungen, auf die Sie in diesem Buch immer wieder stoßen werden. Sie sind ein Stilmittel, Sie gebührend auf Moldawien vorzubereiten.

Das Land kennenlernen

Hintergründe zu Geographie, Geschichte, Land und Leute

EXOTISCHES EUROPA

In Mitteleuropa werden die Wenigsten auf Anhieb wissen, wo sie Moldawien einordnen sollen. Einige werden sich erst mal unsicher sein, ob nicht vielleicht das viel bekanntere "Molwanien" gemeint sein könnte. Doch handelt es sich bei Molwanien um ein fiktives Land, dessen Balkan-Charme in der bekannten Reiseführer-Parodie wirklich unterhaltsam beschrieben wird. Moldawien hingegen ist real, kaum weniger unterhaltsam, aber noch weitgehend unbekannt. Die vermeintlichen Touristenziele sind wenig besucht. Nur unentwegte Individualreisende, die die vielen Schotterpisten sportlich nehmen, verirren sich in die Felsenklöster. Radfahrer und Rucksacktouristen werden durch das Land deutlich mehr angelockt als Sandalen-Fotoapparat-Reisegruppen. Es gibt Statistiken über Tourismuszahlen, in denen die Republik Moldau lediglich vor Tuvalu rangiert. Doch wird sich das in den kommenden Jahren immer mehr ändern. Das Land setzt zunehmend auf Tourismus. Vielleicht hatten Sie schon die Möglichkeit, einen der Werbespots zu sehen. Außerdem drängt es immer mehr in die Europäische Union, die Berichterstattung wird zwangsläufig zunehmen und sich hoffentlich nicht mehr nur darauf beschränken, vom "ärmsten Land Europas" zu sprechen. Denn das ist ein undifferenziertes und vorschnelles Urteil. Moldawien ist reich. Reich an engagierten, aufstrebenden jungen Menschen, reich an Gastfreundschaft und gutem Essen, reich an Wein, Lebensfreude und schönen Frauen.

Natürlich hat es das Land schwer. Als ehemals reiche und angesehene sowjetische Republik war der wirtschaftliche Niedergang schnell und steil, doch macht genau das auch den Reiz des Landes aus: die Lebensweise der Menschen ist von der unsrigen völlig unterschiedlich. Gegessen wird zum großen Teil aus dem eigenen Garten. Die Toilettenhäuschen stehen im Garten und die Brunnen an der Straße bilden in vielen Ortschaften noch immer die Wasserversorgung. Die Hauptstadt Chisinau ist in einem äußerst dynamischen Wandel begriffen, von der Lada-befahrenen Sowjetstadt hin zu einer modernen Bling-Bling Weltstadt. Die Straßen vermitteln zum größten Teil ein Gefühl von Afrika-Querfeldein-Abenteuer, überraschen dann aber mit immer mehr völlig neu gebauten Kilometern auf "West"-Niveau.

Wer nach Moldawien kommt kann selbstverständlich ein Programm von Sehenswürdigkeiten abarbeiten, das hier im Buch beschrieben wird, nur zum Teil überzeugt und noch recht "untouristisch" daherkommt. Viel lohnender sind die Begleiterscheinungen die so eine Reise mit sich bringt: der Kontakt zu Menschen, Feste und Gastfreundschaft, Gaumen- und Lebensfreude, aber auch das Erleben von einfacher Lebensweise und Armut, was uns so fremd und weit weg erscheint. Touristen sollten daher aufgeschlossen und kontaktfreudig sein, mehr den Weg als Ziel sehen und nicht so sehr Superlative der Kunsthistorie oder Architektur erwarten.

BALKANLAND

Immer wieder wird Moldawien als ein Balkanland bezeichnet. Vermutlich geschieht das aus Unwissenheit um die geographische Lage, denn auch bei einer weiter gefassten Definition des Balkan kann man dennoch Moldawien nicht ernsthaft als Teil des Balkans sehen. Der Balkan ist die in das Mittelmeer hineinragende Halbinsel, die zum größten Teil Griechenland und das ehemalige Jugoslawien umfasst. Auch Bulgarien gehört dazu. Zählt man aber auch noch Moldawien dazu, müsste konsequenterweise auch Rumänien als Balkanland gelten, oder sogar die Ukraine, denn von diesen beiden Ländern wird Moldawien umschlossen. Im Gegensatz zu den Nachbarn hat es aber keinen Zugang zum Schwarzen Meer (noch ein Argument gegen die Balkanzugehörigkeit), erst ein paar Kilometer nordöstlich der Donaumündung beginnt der Süden Moldawiens. Das Land liegt im Wesentlichen zwischen den Flüssen Prut (im Westen) und Nistru (im Osten). Eigenlich geht es nach Osten noch in einem schmalen Streifen über den Nistru hinaus, dieser Teil hat sich jedoch unabhängig erklärt, nennt sich

passenderweise Trans-Nistru - oder so ähnlich (richtig: Transnistrien) - und hat Grenzkontrollen und Zölle geschaffen. Es ist de facto ein eigenes Land, auch wenn es von keinem anderen Land anerkannt ist. Eine Wiedervereinigung mit Moldawien ist unrealistisch. Deshalb wird Transnistrien auch nicht in diesem Buch besprochen. Im übrigen ist Transnistrien zwar sehenswert als kommunistisches Artefakt, ansonsten aber kaum empfehlenswert, da man schutzlos der Behördenwillkür ausgesetzt ist und sich im "schwarzen Loch Europas", im Land der Waffenschiebereien, Korruption und vielen weiteren Arten der Kriminalität kaum längere Zeit aufhalten möchte, geschweige denn sich unbeschwert entspannen kann. Transnistrien ist allenfalls ein Tagestrip. Ohne einen einheimischen Führer, der wenigstens ein paar Polizisten gut kennen sollte, ist man gut beraten wenn man von einem Besuch - auf jeden Fall aber von Übernachtungen - absieht.

Landschaftlich gesehen bietet Moldawien wenig Abwechslung. Ohne Zugang zum Meer, die höchste Erhebung mit 430 Metern, bewegt man sich überwiegend in hügeligem Gelände mit manchen stark eingeschnittenen Tälern.

Die Böden sind fruchtbar. Die Vegetation leidet im Sommer aber stark unter der Trockenheit. Deshalb ist das Grün dort nicht so grün wie bei uns. Angebaut werden Sonnenblumen, Wassermelonen, Mais u.v.m. Die Straßen sind oft von unzähligen Walnussbäumen gesäumt. Wenn die Walnüsse im September reif sind, sieht man die Einheimischen mit langen Stöcken bei der Ernte. Gleich am Straßenrand werden die Nüsse feilgeboten. Nutzen Sie die Gelegenheit! Vermutlich werden Sie ein wenig mehr zur Kasse gebeten, wenn Sie sich als Ausländer zu erkennen geben, es lohnt sich trotzdem. Vielfach sieht man Apfelplantagen, Aprikosen oder andere Früchte. Am bedeutendsten ist aber der Weinanbau. Moldawien ist ein ausgesprochenes Weinland. In jedem Haushalt wird der eigene Wein gekeltert. Wenn Sie die Chance haben, probieren Sie ihn! Meist ist er richtig lecker. Man hört schon auch mal von zucker-gedopten Tropfen, aber das ist die seltene Ausnahme. Kaufen Sie sich eine der selbst abgefüllten Flaschen, die am Straßenrand angeboten werden. Auch hier werden Sie etwas mehr abgezockt, aber schließlich ist es für einen guten Zweck.

DIE LEGENDE VON DRAGOS UND DER ENTSTEHUNG MOLDAWIENS

Der Legende nach ist der junge Dragoș, Sohn des Herzogs von Maramureș (Walachei), mitte des 14. Jahrhunderts auf der Jagd nach einem Auerochsen auf dem Gebiet des heutigen Moldawiens geritten. Der Auerochse war sehr prächtig und Dragoș wollte ihn lebend fangen. Mit Hilfe seiner Hunde konnte er ihn verfolgen. Sein bester und treuester Hund hieß Molda. Dieser stellte den Ochsen, wurde aber von ihm verletzt und ertrank in einem Fluß. Dragoș stieg beim toten Hund von seinem Pferde ab, nahm damit das Land in Anspruch, begrub den Hund und nannte das Land zu seinen Ehren fortan "Moldova". Danach kämpfte er mit dem Ungetüm, erschlug es und brachte den Kopf des Ochsen zu seinem Volk nach Hause.

So, oder so ähnlich geht die Legende. Je nachdem, welcher Quelle man sich bedient kann sie stark variieren. In einer Langfassung verspricht ein Engel Dragoș das Land, wenn er es nur von dem Ochsen befreit, der es terrorisiert und Dragoș benennt nicht das Land sondern den Fluß nach dem Hund. In einer anderen Fassung wird ausführlich auf den Kampf zwischen Dragoș und dem Ochsen eingegangen: dass er ihn mit einem Knüppel zwischen die Hörner traf und der Ochse daraufhin so laut brüllte, dass man dachte, das Ende der Welt wäre gekommen.

Allen Geschichten gemeinsam ist der Umstand, dass Dragoș mit dem Absteigen vom Pferd das Land in Anspruch genommen hat und der Hund "Molda" hieß. Der Kopf des Auerochsen findet sich noch heute auf der Flagge von Moldawien und auch in vielen rumänischen Wappen und Symbolen. Wie viel Wahres in der Legende steckt, ist unbekannt. Die Chronisten sind sich einig, dass es nicht viel ist. Dennoch scheint Ende der 1350er Jahre ein moldawisches Staatsgebilde östlich der Karpaten unter dem walachischen Herzog Bogdan seine Unabhängigkeit erreicht zu haben.

GESCHICHTE UND POLITIK

Die Republik Moldau - so der offizielle Namen - wurde erst 1991 gegründet, ist also ein recht junger Staat. Die Eigenständigkeit hat keine Tradition: wechselnde Zugehörigkeiten prägen die Geschichte Moldawiens, dessen Kultur und die Bevölkerung. So klein das Land auch ist, es ist ein Vielvölkerstaat dem es schwer fällt, die Interessen der Gruppierungen politisch unter einen Hut zu bringen. Ein Großteil der Bevölkerung ist rumänisch stämmig. Diese würden sich am liebsten mit der EU assoziieren, zum Teil streben sie sogar eine Vereinigung mit Rumänien an, zu dem man vor der sowjetischen Phase schon gehörte. Die russisch stämmige Bevölkerung lehnt das kategorisch ab und möchte im GUS-Einflussbereich bleiben. Die Bestrebungen zur Wiedervereinigung mit Rumänien, die nach dem Zerfall der Sowjetunion sehr stark wurden, führten im Landstrich östlich des Nistru, wo russische und ukrainische Gruppen dominieren zur Gegenbewegung, die in der Gründung Transnistriens resultierte. Von Russland militärisch unterstützt, konnte diese Abspaltung auch in einem Bürgerkrieg 1992 nicht mehr rückgängig gemacht werden und besteht bis heute fort. Auch die Gagausen (sprich: Gaga-usen) lehnen die EU-Bestrebungen kategorisch ab. Nach der Unabhängigkeit erreichten sie eine Autonomie innerhalb Moldawiens, mit eigener Verwaltung und Regierung. Nachdem in jüngster Zeit die EU-freundliche Politik Moldaus verstärkt wurde und ein EU-Beitritt immer offener angestrebt wird, gab es in Gagausien ein Referendum in dem sich 97 % der Bevölkerung für eine Abspaltung von Moldawien aussprachen. Die Gagausen sind ein Turkvolk, deren Sprache als Dialekt des Türkischen gilt. Sie sind hauptsächlich in Comrat und dem umgebenden Gebiet ansässig, ganz im Süden Moldawiens. Neben den Russen und Gagausen bilden auch Ukrainer und Bulgaren große Minderheiten in Moldawien.

Die früheste Besiedelung des Gebiets des heutigen Moldawiens fand schon in vorrömischer Zeit statt. Reste davon findet man bei Orheiul Vechi. Nach den Römern herrschten die Ungarn. Im Jahr 1349 wurde von Fürst Bogdan das Fürstentum Moldau gegründet. Unter Alexandru cel Bun (Alexander der Gute) und vor allem dann unter Stefan cel Mare (Stefan der Große) wuchs die Bedeutung des Fürstentums. Von Stefan cel Mare wird behauptet, er habe 40 Kriege geführt und für jeden Gewonnenen ein Kloster errichtet. Es sollen 40 Klöster sein. Er wird bis heute verehrt und gilt als Volksheld. Zahlreiche Denkmäler und Straßen sind ihm gewidmet. Nach der Herrschaft Stefans ging Moldawien mehr und mehr an das Osmanische Reich. Die Macht der Sultane ging erst im 18.Jahrhundert zurück, als die Verwaltung des Landes - im Auftrag der Sultane - von den Griechen übernommen wurde. Als dann die Türken im Russisch-Türkischen Krieg von 1806 bis 1812 geschlagen wurden, fiel das Land zum ersten Mal an die Russen. 1918 nutzten die Rumänen die Verwirrungen nach der Oktoberrevolution in Russland um Moldawien zu annektieren. Ein Großteil der Bevölkerung war ohnehin rumänisch-stämmig, so gab es politisch viel Zustimmung zu dieser Einheit mit Rumänien. Doch dauerte das nur bis 1940, als im Hitler-Stalin-Pakt Moldawien der Sowjetunion angegliedert wurde. Erst beim Zerfall der UdSSR konnte sich das Land - wie viele andere Sowjetrepubliken - unabhängig erklären und 1990 die Republik Moldau gründen. Wie oben bereits beschrieben, waren damals vor allem die Kräfte sehr stark, die eine "Wiedervereinigung" mit Rumänien anstrebten. Jedoch polarisierte dieses Vorhaben große Teile der Bevölkerung. Es gab große Minderheiten in Moldawien, die eine Vereinigung mit Rumänien fürchteten. Beispielsweise waren es die vielen Russen, die überwiegend im transnistrischen Teil angesiedelt waren. Aber auch die Gagausen im Süden des Landes wehrten sich. Die Transnistrier riefen kurzerhand ihren eigenen Staat aus. Diesem Vorbild schloß sich Gagausien an, und verkündete die Unabhängigkeit.

Gagausien hat sich damals aber friedlich mit Moldawien geeinigt und erhielt einen Autonomie-Status innerhalb des moldauischen Staatsgebildes.

Die Geschichte Transnistriens ist noch enger mit Russland verknüpft, als die Geschichte des Landes westlich des Nistru. Im russisch-türkischen Krieg von 1806-1812 fiel dieser Teil zuerst in russische Hand, ein paar Jahre später dann erst der Rest. Nachdem Russland 1856 den Krimkrieg verlor, gelangte Das westliche Gebiet zunehmend unter rumänischen Einfluss, während Transnistrien bei Russland blieb. Am Ende des ersten Weltkriegs besetzte Rumänien engültig des westlichen Teil bis zum Nistru militärisch. Transnistrien, wo rumänisch-stämmige zwar auch die größte Bevölkerungsgruppe stellten, deren

---

Bessarabien - der Alternativname

Kaum einmal stößt man hierzulande auf die Bezeichnung "Bessarabien", wenn doch, dann nimmt man ihn nicht bewusst wahr, sondern überliest ihn als Unwichtiges, Nicht-Nachschlagenswertes. Je näher man der Republik Moldau kommt, desto wichtiger wird es aber, die Bedeutung des Namens zu kennen. In Rumänien, dessen östlicher Teil ebenfalls Moldawien heißt, wird die Republik Moldau überwiegend Bessarabien genannt.

Im Jahre 1812 führten die Russen die Bezeichnung Bessarabien ein, um damit den östlich des Prut gelegenen Teil Moldawiens zu bezeichnen, der damals russisch wurde. Westlich des Prut war der rumänische Teil, der Moldawien blieb.

Abgeleitet ist der Name von einem Fürstengeschlecht "Basarab". Die Gründung der Walachei geht auf die Basarabs zurück.

Geographisch umfasst Bessarabien das Gebiet zwischen Prut und Nistru. Vor dem zweiten Weltkrieg war es moldawisches Hochheitsgebiet, dann ging der Süden mit der Schwarzmeerküste an die Ukraine.

Anteil an der Gesamtbevölkerung aber weniger als 50 Prozent ausmachte, blieb bei der Sowjetunion.

Die UdSSR versuchte nun mit einem Trick, auch den westlichen Teil Moldawiens zum Kommunismus, und damit zur Sowjetunion zu bewegen. Sie gründete auf dem transnistrischen Gebiet (das sich damals noch weiter in die Ukraine erstreckte) die "Moldauische Autonome Sozialistische Sowjetrepublik" (MASSR), "moldovenisierte" die Bevölkerung und lockte mit dem Köder der Unabhängigkeit auch den Westen, der den Lockungen aber widerstand. Erst am Ende des zweiten Weltkriegs konnte sich die Sowjetunion auch den Westen einverleiben. Während der Sowjet-Zeit wurde sehr viel Industrie östlich des Nistru angesiedelt, der Westen ging weitgehend leer aus und blieb vornehmlich agrarisch. Auch die politische Führungselite war überwiegend transnistrisch, erst im Laufe der Zeit erhöhte sich der Anteil westlicher Politiker auf ein vernünftiges Maß.

Vor diesem Hintergrund versteht man die Geschehnisse am Ende der Sowjet-Ära leichter. Der traditionell den Russen deutlich nahestehendere transnistrische Teil konnte einer Vereinigung mit Rumänien nicht zustimmen, und musste diese verhindern. Der Konflikt wurde sogar militärisch ausgetragen. Die russischen Truppen in Transnistrien verwiesen die moldauische Armee in ihre Schranken. Bis heute hat Russland die Truppen nicht abgezogen, und erhält den Status Quo aufrecht. Von 1992 bis 2011 war Igor Smirnov – ein strikt russisch-Getreuer – Präsident der "Transnistrischen Moldauischen Republik". Auf Drängen Russlands wurde im Dezember 2011 Jewgeni Schewtschuk neuer Präsident, von dem man sich mehr Kooperative erhofft. Immerhin wurden seitdem die "5+2 Gespräche" wieder aufgenommen, in denen Moldawien, Transnistrien, Russland, die OSZE und Ukraine und die Beobachter EU und USA miteinander reden und eine Konflikt-Lösung anstreben.

Moldawien und Europa

In der Zeit als Sowjetrepublik galt Moldawien als reich. Exportiert wurden vor allem Wein, Tabak und andere Agrar-Produkte. Das damals zugehörige Transnistrien hatte einen starken Industrie-Sektor. Mit der Wende kam diese auch wirtschaftlich: es ging steil bergab. Der Wein ließ sich durch den Wegfall des sowjetischen Marktes nur noch schwer verkaufen. Russland als größter Abnehmer belegte die Weine immer wieder mit Einfuhrverboten. Für die anderen Produkte galt das gleiche: der sowjetische Markt brach weg, der europäische Markt ist durch Regularien und Zöllen geschützt gegen Einfuhren aus Moldawien, so dass das Land in Armut versank. Hinzu kommt, dass die angeblichen Demokraten nach der Wende korrupt und gierig waren und das Land ausbeuteten. Zurück blieb eine verarmte Gesellschaft ohne Erfahrung in Demokratie, ohne Bezug und Glauben in die Politik und den soeben entstandenen eigenen Staat. Infolgedessen versuchten die Menschen ihr Geld im Ausland zu verdienen. In er-

Abb.: Der Besitzer dieses Kebabwagens in Vadul lui Voda ist offenbar sehr stolz auf einen Besuch von Angela Merkel an seinem Verkaufsstand

ster Linie war und ist Russland das bevorzugte Ziel der Migration, immer mehr drängten aber nach Europa. Zuerst wanderten sie illegal ein, legalisierten sich dann und holten Verwandte und Bekannte nach. Wegen der Ähnlichkeiten der Sprache migrierten sehr viele nach Italien, Spanien und Frankreich, weit weniger nach Großbritannien und Deutschland. Genaue Zahlen kennt niemand, alles in allem dürften sich aber 1-2 Millionen Moldawier im Ausland aufhalten. Angeblich senden die Emigranten mehr Geld nach Hause als das Bruttosozialprodukt der Republik Moldau beträgt. Sie sind unauffällig, lernen die Sprachen, passen sich an und gelten im Allgemeinen als fleißig. Leider gibt es natürlich auch schwarze Schafe, die sich mit Diebstahl und anderen Verbrechen durchs Leben

schlagen. Im Zuge der starken Migration hat es Moldawien vor allem auf dem Gebiet des Menschenhandels und der Schleuserbanden zu einiger Berühmtheit gebracht. Da sind Moldawier aber eher Opfer als die Täter.

Der große Bevölkerungsanteil in Europa hat nicht nur einen steten Fluss von Geld in Richtung Moldawien zur Folge, auch Konsumgewohnheiten, Ansprüche an Lebensstandards und allerlei mehr Gedankengut wird importiert. Das Vorbild Europa wird immer präsenter in den Köpfen. Im April 2009, nachdem in den Parlamentswahlen die kommunistische Partei wieder eine Mehrheit erhielt, riss der Geduldsfaden der pro-europäischen und jungen Bevölkerung. In Massendemonstrationen mit gelegentlichen Ausschreitungen vor dem Parlament wurden die Wahlergebnisse als gefälscht angeprangert und Neuwahlen gefordert. In einem vergleichsweise friedlichen Prozess wechselte die Regierung zu einer Pro-europäischen, die seither sehr konsequent und erfolgreich die Annäherung an die EU sucht. Als Land der "Östlichen Partnerschaft" der EU gilt Moldawien mittlerweile als Vorzeigestaat. Seit 2014 können moldauische Staatsbürger mit biometrischem Reisepass ohne Visum in die EU reisen. Die Einfuhrbeschränkung für Wein ist aufgehoben; immer mehr europäische Firmen investieren in Moldawien; Gas-Pipelines aus Rumänien verringern die Abhängigkeit vom russischen Gas; die Wachstumsraten geben Anlass zum Optimismus; Korruption wird bekämpft und demokratische Prozesse werden gelebt. Man darf gespannt sein, auf welche Weise die innere Zerissenheit überwunden wird.

LEBEN UND KULTUR

Man möchte denken, dass wirtschaftliche Not, Mühsal des Alltags, kaum vorhandene Krankenversicherungen, Drangsalierung durch die Obrigkeit, tief verwurzelte Korruption und viele Stimmungsdämpfer mehr sich irgendwie auf das Gemüt auswirken müssten, den Moldawiern ist das auf den ersten Blick jedenfalls nicht anzumerken. Man nutzt jede Gelegenheit, um mit Freunden und Verwandten zu feiern und zu tanzen, der Fremde wird fast schon zwanghaft mit übergroßer Gastfreundschaft überschüttet, es wird gelacht und getrunken, was der Weinkeller

hergibt. Zukunftssorgen werden auf den Moment verschoben, an dem man gezwungen ist, sich damit zu befassen, das Meiste erledigt sich eh' von allein, oder ist von vornherein nicht so wichtig.

Sprache

Überwiegend wird ein rumänischer Dialekt gesprochen. Dieser wurde eine Zeit lang als "Moldawisch" bezeichnet, das hat sich aber nie wirklich durchgesetzt weil der Unterschied zu Rumänisch kaum nachweisbar ist. Zweite Sprache ist Russisch. Vor nicht allzu langer Zeit war man schließlich noch Sowjetunion. Die Älteren sprechen oft besser Russisch als Rumänisch, bei den jungen Menschen, vor allem bei der Jugend trifft man immer mehr, die kaum noch Russisch können. Die russische Minderheit konnte sich bis vor kurzem komplett ohne Erlernen des Rumänischen durchschlagen, doch ändert sich das momentan. Auf gagausischem Gebiet wird ein türkischer Dialekt gesprochen. Auch hier ist russisch Zweitsprache. Dort kann es schon passieren, dass man auf jemanden trifft, der kein Rumänisch spricht.

Als Fremdsprache setzt sich Englisch nur langsam bei den jungen Menschen durch. Weiter verbreitet ist Französisch. Migrationsbedingt ist auch Italienisch und Spanisch öfter anzutreffen.

Landleben

Das städtische Leben unterscheidet sich nicht grundlegend von dem in Mitteleuropa: Das Wasser kommt fast überall aus der Leitung und die Toiletten sind im Haus. Man geht zur Arbeit um Geld zu verdienen und kauft damit die Dinge des täglichen Lebens. Interessanter ist das Leben auf dem Dorf, wo man sich in der Zeit um einige Jahrzehnte zurückversetzt fühlt: die vielen Brunnen am Straßenrand sind in Betrieb, in den Gärten werden Lebensmittel angebaut, die im Kellerloch für den Winter eingelagert werden. Man versorgt sich überwiegend selbst und leistet sich nur selten mal etwas vom dörflichen Markt oder aus dem Lebensmittelgeschäft. Im Winter werden die Häuschen vor allem bei den ganz armen Leuten sehr kalt. Geheizt wird meist mit Holz oder Gas. Die Gasleitungen sind überirdisch verlegt und im Dorfbild präsent. Im Winter und vor allem bei Tauwetter sind die ungeteerten Wege oft recht unwegsam. Man bleibt dann besser Zuhause.

Religion und Aberglaube

Kirchen und Klöster sind omnipräsent und werden noch immer an jeder Ecke neu gebaut. Es sind orthodoxe Kirchen und bärtige, ortho-

---

VERHALTEN BEI EINER MOLDAWISCHEN PARTY

Die wichtigsten Bestandteile einer moldawischen Party sind viel Essen, noch mehr Essen, ebensoviel Alkohol und ausgelassenes Tanzen. Wenn Sie dort als Ausländer eingeladen sind, befinden Sie sich im Fokus aller Anwesenden. Diese werden sich um Ihr leibliches Wohl kümmern, ob Sie wollen oder nicht.

Der Tisch ist brechend voll mit diversen Speisen. Mit ein bisschen Glück können Sie darauf noch ein Trinkglas abstellen. Auch wenn Sie deutlich mehr als das normale Maß essen können, werden Sie das Angebot nicht bewältigen können, zumal später immer wieder weitere Speisen hinzukommen werden. Auch auf einem noch so vollen Tisch kann noch eine zweite Lage Teller darauf gestapelt werden. Keine Sorge, es muss nicht alles gegessen werden. Das Gebliebene ernährt die Familie (oder auch noch die Verwandtschaft) eine weitere Woche lang.

Zu Trinken gibt es hausgemachten Wein, und zwar vom Guten. Den schlechten Wein werden Sie nicht finden. Alternativ gibt es auch mal Congnac oder Wodka. Die Flaschen mit Wasser oder Limo finden sich gerne auch mal unter dem Tisch und werden weit weniger aggresiv beworben.

Die Bausteine zum Überleben dieser Party sind nun folgende:
* *eine gute Grundlage schaffen,*
* *viel tanzen,*
* *zwischendurch auch mal aufgedrängte Drinks vehement (!!!) ausschlagen.*

Essen Sie! Essen Sie vor allem Fleisch. Verschieben Sie die Diät auf später, jetzt geht es um Höheres. Mit fettigen Speisen schaffen Sie die

Grundlage für all den Wein und Schnaps. Salat und Fisch können Sie ein andermal essen. Es gilt eine wichtige Regel: wer ein Glas gekippt hat, sollte unbedingt einen Happen Fleisch hinterher schieben! Wenn Sie sich daran nicht halten, werden Sie von wohlmeinenden Gästen darauf aufmerksam gemacht. Lehnen Sie die gereichten Häppchen nicht ab, man meint es gut mit Ihnen.

Desweiteren gilt: wer gerade tanzt kann nicht trinken! Diese Regel gilt nur eingeschränkt, denn manchmal sorgen die unerbittlichen Gastgeber auch bei den offensichtlich Angeheiterten für Nachschub. Aber grundsätzlich ist es eine gute Idee sich der deutschen Zurückhaltung zu entledigen und sich in die Herzen der Moldauer zu tanzen. Die Tänze sind einfach und oft improvisiert. Es wird solo, zu zweit oder "Ringelrei" getanzt, oder alles gemischt. Darin ist man völlig frei. Tanzschritte kann man sich von den eingehakten Tänzern links und rechts abschauen.

Um die Gastfreundschaft zu würdigen, sollte man anfangs die eingeschenkten Drinks nicht ablehnen. Da man diese meistens sehr schnell leeren soll, nimmt man damit einen nicht unbeträchtlichen Alkoholpegel in Kauf. Wenn man dem Gastgeber gezeigt hat, dass man kein Spielverderber und Kostverächter ist, kann man dazu übergehen, immer wieder mal einen Drink abzulehnen oder stattdessen Wasser zu trinken. Das Vokabular dazu ist einfach: "Nu", "gata" oder "ajunge" (sprich "aschunsche"). Damit werden Sie einmal in der Zuteil werdenden Aufmerksamkeit übersprungen. Danach sind sie wieder dran, aber Sie konnten sich einen Rückstand auf die Anderen erarbeiten, denn um nichts anderes geht es. Glücklicherweise sind Moldawier auch nur Menschen und vertragen keine Unmengen an Alkohol, wie das von Russen und Finnen behauptet wird. Wer es also schafft, weniger als die Anderen zu trinken, hat gute Karten.

doxe Priester. Das moldawische Volk ist auch im 21. Jahrhundert immer noch stark religiös. Nach der Volkszählung von 2004 gehören über 93 % der Bevölkerung der orthodoxen Kirche an. Man feiert im Kirchenjahr unzählbare religiöse Feste, an denen man keine physische Aktivitäten treibt und auch versucht, die Menschen nicht schlecht zu reden. Was macht man genau an einem solchen Feiertag, wie z.B. "der Heilige Ilie", der am 02.08 gefeiert wird? Die Arbeitslosen, die Hausfrauen und die

alten Damen gehen in die Kirche. Die Messe dauert ungefähr vier bis fünf Stunden. Während der Hitze können die Messen auch gekürzt werden. Nach der Messe veranstalten die ganz streng Gläubigen eine Mahlzeit. Der Priester ist selbstverständlich auch eingeladen. Die Religion versammelt sowohl die älteren Menschen als auch die jüngeren Generationen. Sonntags sind die Kirchen und die Klöster immer mit Religiösen voll.

Das ist nun aber eine Seite der spirituellen Praxis. Die andere Seite ist, dass man fest an den Heilzauber glaubt, genauso oft wie an Jesus Christus. Am Besten man glaubt an Beides, Hauptsache es hilft, wenn die Medizin gegen bestimmte Krankheiten machtlos ist. Die Moldawier wenden sich zu den WahrsagerInnen oder den Priestern, die heilige Kräfte besitzen, wenn eine hartnäckige Krankheit nicht auf medizinischem Wegen bekämpft werden kann. Der Betroffene schließt sich in einer "unorthodoxen" Welt ein und trinkt bestimmte Kräuterwässer von einer Heilerin. Viele glauben an diese Methoden und behaupten, dass sie auch Krebs heilen können. Viele können es nicht nachvollziehen und sind der Meinung, dass es nur ein Hirngespinst ist. Man glaubt was man will, Hauptsache ist, dass man auch für diese Praktiken eine Menge Geld bezahlen muss. Es klingt paradox, doch für Zigeunerinnen und Hexen sowie für die Priester ist das alles ein großes Geschäft. In einigen Klöstern gibt es wöchentlich verbotene Exorzismus-Messen, in denen Besessenen - begleitet von Geschrei und Gebet - der Teufel ausgetrieben wird. Die Besucher müssen für das Spektakel bezahlen. Die Meinungen über die Echtheit des Gebotenen gehen auseinander. Wer so etwas miterleben will, sollte in den größeren Klöstern mal anfragen. Im Kloster Saharna findet es Donnerstags statt. Auf Youtube finden sich entsprechende Videos (Stichworte: monastirea saharna joi).

Feste

Weltlicher geht es zu, wenn im Familien- und Freundeskreis gefeiert wird. Oft kommen Verwandte zu Besuch und man sitzt zusammen und tauscht sich aus. Dabei findet sich dann wie zufällig noch der ein oder andere Happen zu essen und immer ein alkoholisches Getränk. Der selbstgemachte Wein ist meist die bessere Wahl als das Bier der Brauerei "Chisinau". Gibt es einen Anlass zu feiern, dann wird das Zusammensein deutlich besser vorbereitet. Eine breite Auswahl dessen, was die moldawische Küche hergibt wird serviert. Gegessen wird nicht in Gängen, sondern es wird einfach genommen, wonach einem gerade ist, alles steht auf dem Tisch. Getrunken wird vornehmlich Wein mit zwischendurch Hochprozentigem. Beliebt ist moldauischer oder russischer Cognac oder auch mal Wodka. Aus einer Stereoanlage plärren Schlager, schnell wird darauf das Tanzbein geschwungen. Beim Tanzen wird oft ein Kreis gebildet, mit den Armen auf des Nachbars Schultern. Dazu wird gesungen und gelacht, unverkrampfte, gute Laune erfasst alle Anwesenden. Schätzen Sie sich glücklich, wenn Sie bei so einer Feier dabeisein können.

Die wichtigsten Feste - neben Geburtstagen - sind im Folgenden aufgelistet:

Marţişor

Der Legende nach kam die Sonne in Gestalt eines jungen, schönen Mannes auf die Erde und wurde dann von einem Drachen eingesperrt. Die Flüsse hören auf zu fließen und die Vögel singen nicht mehr. Ein junger Kämpfer soll ihn befreien und macht sich auf die Suche. Ganze drei Jahreszeiten lang dauert die Suche: Sommer, Herbst und Winter. Am Ende des Winters findet er das Schloß des Drachen und besiegt ihn, wird beim Kampf aber schwer verletzt. Mit letzter Kraft kann er die Sonne befreien und stirbt dann. Sein Blut fließt in den Schnee. Die Sonne steigt wieder an den Himmel.

Die Farben rot wie Blut und weiß wie Schnee oder wie die Schneeglöckchen, die erste Blume des Frühlings markieren den März in Moldawien. Man feiert das Ende des Winters. Man schmückt Bäume in diesen Farben und steckt sich rot-weiße Anstecker an. Es gibt Konzerte und etliche andere Sonderveranstaltungen zu Ehren des März.

8. März

Der internationale Frauentag wird in allen ehemaligen Ostblockländern groß gefeiert. Er wird für viele private Festivitäten zum Anlass genommen. Es kann aber auch passieren, dass Sie von der Polizei angehalten werden und eine Blume bekommen, vorausgesetzt Sie sind eine Frau.

Hram

Am Namenstag des Heiligen, auf den die örtliche Kirche geweiht ist, wird das Hram-Fest gefeiert. Deshalb ist es von Ort zu Ort an unterschiedlichen Tagen. An Hram ist es Brauch, sich gegenseitig zu besuchen und die voll gedeckten Tische soweit es geht leer zu essen. Vom Trinken gar nicht zu reden. Gast und Gastgeber können sich auch erst beim Feiern kennenlernen, das ist kein Problem. Ebensowenig ist es ein Problem, kein Gastgeschenk zu machen, Moldawier sind nun mal sehr gastfreundlich. Auf dem Marktplatz spielt vielleicht eine Live-Band. Nach einem Tag muss es

Abb.: Ein typischer moldawischer Friedhof. Die Tische und Bänke zwischen den Gräbern werden an einem der Osterfeiertage genutzt, um dort auf typische Art mit Speis und Trank der Toten zu gedenken. Eine passende, wenn auch fröhliche Art.

noch nicht vorbei sein, oft wird auch drei Tage lang gefeiert. In Chisinau ist Hram am 14.Oktober.

Ostern

Die orthodoxe Kirche rechnet nach dem julianischen Kalender. Ostern fällt deshalb in der Regel nicht mit unserem Ostern zusammen, sondern wird später gefeiert. In den 40 Tagen vor Ostern begrüßt man sich mit "Hristos s-a inaltat!" (Christus ist auferstanden). Der Gruß wird erwidert mit "Adevarat s-a inaltat!" (Ja tatsächlich, er ist auferstanden). Sie sollten sich hüten, in der Osternacht den orthodoxen Gottesdienst zu besuchen: er dauert in der Regel über 4 Stunden!

Der Unabhängigkeitstag am 27.August

Am 27. August 1991 erklärte sich die Republik Moldau für unabhängig. An diesem staatlichen Feiertag gibt es natürlich etliche Events wie Aufführungen von Volkstanzgruppen und Musikveranstaltungen. Die höchsten Politiker legen am Stefan cel Mare-Denkmal in Chisinau Blumen nieder. Es lohnt sich also, den Fuß vor die Tür zu setzen. Wer dazu keine Lust hat, feiert - wie sonst auch - mit Bekannten und Verwandten zuhause.

Weihnachten

Im julianischen Kalender ist Weihnachten am 07.Januar. Mit der Zugehörigkeit zur atheistischen Sowjetunion geriet Weihnachten in den Hintergrund. Deshalb wird die Silvesternacht eigentlich größer gefeiert. Auch die Geschenke gibt es zum neuen Jahr. Da aber seit Jahrzehnten

hunderttausende Moldawier im Westen Europas arbeiten und sich entsprechend den dortigen Urlaubsgebräuchen anzupassen haben, hält die Weihnachtsfeier im Dezember Einzug in die Familien. Ja, man feiert Weihnachten doppelt, was sehr gut zum Naturell der Moldawier passt.

Die gesamte Weihnachtzeit sind die wichtigsten Straßen und Plätze in Chisinau äußerst prachtvoll geschmückt und beleuchtet, mit dem in Osteuropa üblichen Hang zum Kitsch.

Silvester

Wie oben im Eintrag Weihnachten erwähnt, ist es Tradition, dass Väterchen Frost die Geschenke in der Silvesternacht bringt. Das wurde durch die Sowjetunion so geprägt. Das neue Jahr wird - ganz westlich - mit Böller und Sekt begrüßt.

ANREISE

Mit dem Auto

Der Weg nach Moldawien ist hart und beschwerlich. Man fährt durch die Länder Deutschland –> Österreich –> Ungarn –> Rumänien –> Moldawien. Routen über die Ukraine sind wegen der unkalkulierbaren Grenzaufenthalte nicht zu empfehlen. Ab Budapest muss man sich entscheiden, welchen Weg man durch Rumänien nimmt, wo man über die Grenze nach Moldawien will. Rumänien ist seit 2007 teil der Europäischen Union und unternimmt große Anstrengungen im Straßenbau, aber es ist noch ein weiter Weg zu gehen. Mit Erscheinen dieses Buches in 2016 dürfte die Autobahn A1 über Timisoara bis Sibiu fertiggestellt sein. Dann ist es möglich, von Deutschland bis Sibiu auf der Autobahn zu fahren, was ein großer Fortschritt zu früheren Jahren war. Nach der Fertigstellung der ungarischen Autobahnen war es ein Leichtes, bis zur rumänischen Grenze zu kommen. Die Durchquerung Rumäniens war und ist bis dato eine Ausdauerprobe. Das Autobahn-Teilstück bis Sibiu ist eine große Erleichterung, lässt aber noch immer viel zu viel beschwerlichen Restweg übrig.

Die meisten auf dem Weg aus Deutschland werden zunächst auf der A3 landen und Richtung Wien fahren. Achtung in Österreich benötigt man eine Vignette. Diese gibt es an allen Rastplätzen in Grenznähe bereits in Deutschland. Von Wien gehts auf der A4 nach Ungarn, die dort zur M1 wird. Auch in Ungarn sind die Autobahnen mautpflichtig. Man kauft sie am Rastplatz gleich an der Grenze. Kategorie D1 ist für PKW. Es gibt sie auch für 10 Tage. Man kann in Euro bezahlen, wird dann aber gerne über's Ohr gehauen. Weitere Informationen und e-Vignette gibts auf www.autobahn.hu. Budapest hat eine großzügige Süd-Umfahrung. Man muss dafür von der Autobahn abzweigen auf die Mo. Leider verpasst man diese Abzweigung leicht, wenn man unaufmerksam fährt. Wer ein Navi hat, ist da klar im Vorteil.

Es kommt jetzt darauf an, für welchen Weg durch Rumänien man sich entschieden hat: Südroute mit Autobahn: weiter auf der M5 nach Szeged, dann M43, über die Grenze bei Nadlac Richtung Timisoara, Sibiu, Bukarest. Nordroute: auf der M3 nach Debrecen, über die Grenze nach Oradea.

Die größeren Straßen Rumäniens sind ebenfalls vignettenpflichtig: die Rovignette. Diese ist an Tankstellen und Postämtern zu erhalten. Den Kaufbeleg unbedingt aufbewahren: bei Kontrollen wird danach gefragt. Und kontrolliert wird! Spätestens bei der Ausreise aus Rumänien. Den Weg durch Rumänien in seiner Detail- und Erlebnisfülle zu beschreiben, ist hier nicht der Platz. Deshalb nur eine Übersicht der Routen:

Südroute: Arad -> Deva -> Sibiu -> Brasov -> Onesti -> Bacau -> Vaslui -> Husi — Leuseni (Grenzübergang)

Nordroute: Oradea -> Cluj-Napoca -> Reghin -> Targu-Neamt -> Pascani -> Targu Frumos -> Iasi -> Leuseni (Grenzübergang). Die Straße von Leuseni nach Chisinau ist relativ gut. Die Betonung liegt auf relativ. Wer mehr in Moldawien unterwegs ist, wird das bald einzuschätzen wissen.

Wer erst in den Norden Moldawiens will, ist mit einer noch nördlicheren Rumänien-Route vielleicht am Besten bedient: vom Autobahnende beim ungarischen Nyiregyhaza (bei Debrecen) über den Grenzübergang nach Satu Mare und nach Baia Mare. Dann: Dej – Bistrita – Campulung Moldovenesc – Suceava. Leider liegen sehr viele Ortschaften auf der Strecke, so dass man meist langsam fahren muss. Von Suceava an wird es wieder schlechter. Je nachdem wohin man, will empfiehlt sich der sehr kleine Grenzübergang bei Costesti – Rascani – Balti – Chisinau.

Die Straßen in Moldawien sind derzeit sehr viel in Bau, aber mittlerweile wird man auf den großen Verbindungen teilweise mit sehr guten Verhältnissen überrascht. Beispielsweise von Balti nach Chisinau oder von Comrat bis Hincesti. Südlich von Comrat ist die Straße in Bau oder in einem katastrophalen Zustand.

In Moldawien gibt es für ausländische PKW eine Vignette. Das ist natürlich nur möglich, solange das Land nicht Mitglied der EU ist. Man erwirbt Sie an der Grenze. Es ist ein Dokument auf dem u.a. das Kennzeichen vermerkt ist und das ggfs. bei Polizeikontrollen vorgezeigt werden muss. Momentan bezahlt man für 15 Tage etwa 8 Euro.

Mit dem Bus

Einen Fernbus nach Chisinau zu finden ist nicht einfach. Das Unternehmen BerlinLinienBus bietet eine Verbindung aus mehreren deutschen Großstädten an. Die Fahrtdauer liegt meist bei über 30 Stunden. Genutzt werden die Busse von Eurolines, jedoch wird man auf der deutschen Webseite von Eurolines derzeit nicht fündig. Eine telefonische Nachfrage dürfte zum Erfolg führen.

Abenteuerlich wird es, wenn Sie es schaffen, mit einem der vielen Minibusse anreisen zu können, die meist privat betrieben werden und hunderttausende Moldawier in die Städte Europas verteilen, oder für Familienbesuche und Urlaub wieder nach Hause bringen. Diese Vans fahren unregelmäßig zwischen den Ländern hin- und her, transportieren neben Menschen oft allerlei Pakete und Güter oder auch Autos auf einem Anhänger. Wer die Augen offen hält, kann sie des öfteren auf den Autobahnen entdecken. Die Busse sind nicht zentral organisiert, eine deutsche Webseite mit Telefonnummern existiert nicht. Am ehesten wird man auf moldawischen Websites fündig, z.B. auf makler.md. Das macht es schwer, eine Reise zu organisieren. Kennen Sie moldawische Staatsbürger in Ihrer Stadt? Fragen Sie diese! Die können Ihnen vielleicht nicht direkt eine Telefonnummer geben, aber kennen jemanden, der jemanden mit einer Telefonnummer kennt. So taucht man schon vor der Reise in die Gepflogenheiten eines Volkes ein. Eine Fahrt kostet etwa 100 Euro. Fliegen ist da nicht wesentlich teurer, aber sehr viel komfortabler.

Flüge nach Chisinau

Von Frankfurt, München und Wien gibt es direkte Flüge nach Chisinau. Betrieben werden die Linien von Air Moldova, Lufthansa oder Austrian Airways. Billigflieger dürfen in Chisinau nicht landen. Dann müs-

sen Sie nach Bukarest - z.B. mit Air Berlin - und von dort mit dem Bus weiter. Andere Flughäfen in Moldawien werden nicht - noch nicht - angeflogen.

Mit der Bahn

Die Republik Moldau ist kein Bahnland. Die vorgelagerten Ostblock-Länder sind das genauso wenig. Es bräuchte schon gutes Sitzfleisch um die zwei Tage in langsamen D-Zügen die Strecke zu überstehen. Schnellzüge sind Zukunftsmusik. Kurze Strecken innerhalb Moldawiens sind reizvoll und

hältnisse im Winter und zur Schneeschmelze sollte man zu dieser Jahreszeit von einem touristischen Besuch absehen. Wintersportmöglichkeiten gibt es eh' kaum. Von April/Mai an wird das Wetter besser. Im September wird es wieder deutlich ungemütlich und ab Oktober muss mit Wintereinbrüchen gerechnet werden. Da nicht davon auszugehen ist, dass man irgendwo von Heerscharen von Touristen bedrängt wird, kann man Moldawien auch zur Hochsaison einen Besuch abstatten. Es sollte die Hitze dann jedoch nicht unterschätzt werden.

Abb.: Der Bahnhof in Chisinau. So sauber er auch ist, so unbelebt ist er. Züge fahren hier nur ein paarmal am Tag ab.

ein echtes Erlebnis. Größere Orte haben alle Bahnhöfe, wo man sich informieren und Tickets kaufen kann. Auf online-Ticketing oder ähnlichen Schnick-Schnack wird verzichtet.

KLIMA UND REISEZEIT

Die Republik Moldau wird von eher kontinentalem Klima beherrscht, d.h. die Winter sind kälter und in der Regel deutlich schneereicher, die Sommer hingegen können sehr heiß und trocken werden. Aufgrund der schwierigen Straßenver-

REISEBESTIMMUNGEN

Die Einreise mit dem Reisepass ist möglich. Ein Visum ist für Angehörige der Schengenstaaten nicht nötig. Für die Einreise mit dem PKW müssen sie die grüne Versicherungskarte mitführen und an der Grenze die Vignette erwerben. Diese besteht aus einigen Schriftstücken, die ggfs. bei einer Kontrolle vorzuzeigen sind. Reisen Sie nicht über Transnistrien ein, da dann keine Kontrolle durch die moldauischen Grenzer erfolgen kann und Sie riskieren, sich illegal im

Land aufzuhalten.

Bitte ziehen Sie die Seiten des Auswärtigen Amtes zu Rate, um sich über die aktuellen Gefahren des Aufenthaltes in der Republik Moldau zu informieren. Insbesondere der Rat, eine spezielle Auslandkrankenversicherung abzuschließen, erscheint im Korruptionsdschungel der örtlichen Krankenhäuser, in denen Geld und persönliche Beziehungen von Vorteil sind, sehr weise. Es soll nicht pauschalisiert werden, man lässt Sie nicht sterbend liegen, erpresst Sie oder bringt Sie gar um, dennoch ist im Krankheitsfall eine schnelle Überführung ins Heimatland ratsam.

REISEFÜHRUNGEN

lokale Reiseveranstalter kontaktieren.

GhidTur

str. Lev Tolstoi, 24; MD-2001 Chisinau

www.ghidtur.md

Chișinău

Die Hauptstadt

Herunter-gekommene, trostlose Plattenbauten sowjetischer Bauart finden sich noch unzählige in Chisinau, aber die neu gebauten Hochhäuser werden immer mehr. Chisinau wächst. Dynamisch! Jeder der etwas werden will muss in diese Stadt. Zum Studium. Zum Geld verdienen. Um Geschäfte zu machen. Auch um einzukaufen, denn je weiter von Chisinau weg, desto teurer wird alles.

Die Stadt und das Land sind kaum finanzkräftig genug, um den wachsenden Anforderungen an die

Sprechen Sie "Chișinău"!

Es ist schon wahr, im Rumänischen gibt es ein paar Häkchen und Hütchen mehr, die einen Buchstaben zieren können und gleichzeitig dessen Aussprache für uns Mitteleuropäer zu einem Mysterium werden lassen. Was man aber manchmal im Fernsehen für Interpretationen von "Chișinău" hört, hat oft parodistische Züge. Dabei ist es eigentlich ganz einfach:

• "Chi" spricht man wie "Ki"
• das "s" mit dem Häkchen unten dran ist ein "sch"
• "in" hat ebenfalls nichts Rätselhaftes: sprich "in"
• am schwierigsten ist das "a" mit dem Hut auf. Sprechen Sie es wie ein "ä", dann wird man Sie zwar trotzdem als Ausländer identifizieren, aber Sie liegen damit besser als die Sprecherin der Tagesschau.
• das "u" am Schluss nicht vergessen, damit haben wir es: "Kischinäu".

Infrastruktur gerecht zu werden. Die alten Trolleybusse werden durch neue ersetzt, oder zumindest um diese ergänzt. Hie und da gibt es Baustellen, teilweise haben die Straßen schon den post-kommunistischen Zerfall hinter sich gelassen. Aber in der 700 000 Einwohner Metropole gibt es keine Spur von U-Bahn, noch nicht mal von Straßenbahnen. Wer nicht mit Trolley-Bussen unterwegs ist, der weicht auf den Wildwuchs an Minibussen aus, deren Linienführung und Nummerierung für Touristen nicht zu durchschauen ist. Autofahren ist in Chisinau kein Spaß.

Der Wandel ist nicht zu übersehen. Supermärkte und moderne Einkaufsmalls lösen die alten Märkte und die etwas seltsam anmutenden Hallen für Mini-Läden immer mehr ab. Firmen residieren in immer höheren Gebäuden an denen immer mehr Glas verbaut ist. Die alten Ladas werden von SUV's abgelöst.

Chisinau ist eine sehr grüne Stadt. Unzählige Bäume zieren die Straßen. Viele Parks laden zum Ausruhen auf Parkbänken ein. Dennoch fällt das Grün kaum auf, man ist durch die Straßen, Autos und Miniröcke zu sehr abgelenkt um diese Schönheit bewusst wahrzunehmen.

Die Miniröcke - bzw. die Frauen die diese tragen - gehören sicherlich zum Sehenswertesten in Chisinau. Beim Flanieren an einem sonnigen Sommertag auf dem Boulevard Stefan cel Mare gehen einem dann Gedanken über die Rolle der Frau in der Gesellschaft und ähnlich Hochtrabendes durch den Kopf.

UNTERKÜNFTE

Da Moldawien noch ein recht unentdecktes Land für Touristen ist und ein Land, das weder über Meer noch über Berge verfügt, sind Begriffe wie Hoch- und Nebensaison kaum anwendbar. Winter ist sicherlich keine Saison! Die Anziehungskraft der Stadt ist in dieser Jahreszeit wie die einer Straßenpfütze. Im August kommen die ins Ausland migrierten Moldawier für einen Besuch nach Hause zur Familie, insofern ist dann am Meisten los im Land. Die meisten Hotels sind über die üblichen Webseiten zu buchen. Dort finden sich auch günstige Übernachtungsmöglichkeiten wie das "Funky Mamaliga Hostel" oder Appartements mit Küche und Waschmaschine.

Luxus Hotels in Chisinau

Eine lange Reihe von 5- und 4-Sterne Hotels können in Chisinau gebucht werden. Die Ausstattung und der Service entsprechen dem zu erwartenden internationalen Niveau, ebenso der Preis. Der Stil ist meist ebenso "gehoben", oder zumindest das, was sich die Hoteliers dieser Welt, die ein 5-Sterne Hotel führen, so unter "gehoben" vorstellen. Wer des öfteren in Hotels nächtigt, wird wissen was gemeint ist. Alle Hotels aufzuzählen, wäre müßig, hier nur eine kleine Auswahl:

Nobil Luxury Boutique Hotel

Vom Einzelzimmer bis hin zur Präsidentensuite für 2000 Euro die Nacht kann man hier standesgemäß residieren. Es ist eines der nobelsten Hotels in Chisinau. In bester Lage zu den wichtigsten Plätzen und Sehenswürdigkeiten würde man sich darin auch wohl fühlen, wenn man den Fuß gar nicht vor die Türe setzt, denn es hat einen Wellness-Bereich, ein Fitness-Center und einiges mehr, was den Aufenthalt auch verwöhnter Naturen angenehm gestaltet.

www.nobil.md

Diplomat Club

Etwas günstiger übernachtet man im Hotel Diplomat Club. Es bietet ebenfalls eine Sauna und Massage, einen Außenpool, ein Spielzimmer mit Billardtisch und hat auch sonst alles, was man zum wohlfühlen braucht. Allerdings hat man weitere Wege in die Innenstadt. www.hoteldiplomat.md

Ebenso erwähnenswert sind sicherlich das Savoy Hotel (www.savoy.md), Leogrand Hotel und Convention Center (www.leograndhotels.com), oder auch das Regency Hotel (www.regency.md).

HOSTEL

Funky Mamaliga Hostel

Dies ist sicherlich das auffälligste unter den Hostels. Ab 7,50 €

pro Nacht kann man günstig unter Gleichgesinnten übernachten. Dabei liegt es recht zentrumsnah. Es werden auch Touren zu den Sehenswürdigkeiten des Landes angeboten. Auf einen Wellness-Bereich muss man jedoch verzichten, dafür hat man Kochgelegenheit und alles was man zum Leben braucht.

www.funkymamaligahostel.com

Hotel Chisinau

Ein echter Geheimtip ist das Hotel Chișinău, denn es ist auf den Online-Hotelportalen nicht vertreten, bis vor Kurzem hatte es nicht einmal eine Webseite. Während der Sowjet-Zeit war es sicherlich mal ein Vorzeige-Hotel, dem mittlerweile aber von den Anderen der Rang abgelaufen wurde. Es besticht durch seinen allseits unverblümt kommunistischen Charme, nicht nur durch die Architektur und Ausstattung, auch durch die Uniformen und die spröde "Freundlichkeit" des Personals. Nach einer nicht allzu gründlichen Renovierung hat es nichts von der Attraktivität für Ostalgie-Touristen verloren. Noch dazu ist es eines der billigeren Hotels in Chișinău. Das Hotel verfügt über ein einzigartiges Restaurant "Crama", das im moldawischen Stil dekoriert ist. Es bietet traditionelle, moldawische Küche.

www.chisinau-hotel.md

Hotel Cosmos

Auch in die Sparte Ostalgie-Hotels , allerdings deutlich teurer gehört das Hotel Cosmos eingeordnet. Das herausragend kommunistische Gebäude hinter dem Monument Kotovsky liegt nur unweit vom Hotel Chisinau entfernt.

www.hotel-cosmos.com

Abb.: Der etwas schwer zu findende Eingang zum Funky Mamaliga Hostel

Tapok Hostel

Kaum weniger funky geht es im Tapok Hostel zu. Jung und frisch für kontaktfreudige Anspruchslose. Preise ab 7 €.

www.tapokhostel.com

APPARTEMENTS

Wer sich länger in der Stadt aufhält und auf Geld achten muss, sucht sich besser ein Appartement. Wer rumänisch kann tut sich damit definitiv leichter. Er hat im Internet die größere Auswahl, z.B. auf folgenden Seiten:

www.anunturi.md/chirie-pe-zi
chirie.casata.md

oder er kann sich vor Ort durch Zeitungsanzeigen informieren oder - für die ganz großen Abenteurer - sogar durchfragen. Vielleicht kennt ja jemand jemanden, der ein Zimmer für eine Zeit vermieten kann oder zumindest eine Couch hat. Doch sollte man vorsichtig sein: Schlafsofas sind oft fürchterlich durchgelegen und verursachen Rückenschmerzen.

Es gibt auch Firmen, die auf mehrsprachigen - also auch englisch-sprachigen - Webseiten Appartements vermieten, z.B.:

www.aparthotel.md
www.cvs.md

RESTAURANTS

Mit Sicherheit, mangelt es in Chisinau nicht an guten Restaurants, an internationaler Küche oder an schönem Ambiente. Auf das Ambiente wird sogar besonderen Wert gelegt, mehr als in mitteleuropäischen Restaurants.

Das Preisniveau ist deutlich niedriger als beispielsweise in Deutschland. Man kann etwa die Hälfte bis 2/3 der Preise rechnen.

Trinkgelder sind nicht im Preis inbegriffen. Man schlägt einfach etwas auf den Endpreis drauf, je nach Performance des Service's. Es hat sich auch noch kein üblicher Trinkgeldsatz eingebürgert, man muss sich also nicht unter Druck gesetzt fühlen.

La Crisma

Das La Crisma ist ein moldawisches Restaurant, rustikales Ambiente, mit typisch moldawischen Teppichen, gestrickten Tischdecken und höflichen Servicekräften.

La Crisma, str. Hipodromului 9/1, Tel.: (+373) 22 43 70 50

Crama Boierului

Live Musik und Hora (moldawischer Tanz), traditionelle und europäische Küche werden hier geboten.

Crama Boierului, str. Bogdan Voievod 2/5, Tel.: (+373) 22 44-11-08

Caravan

Wann hatten Sie zuletzt Gelegenheit usbekisch Essen zu gehen? In Chisinau können Sie genau das tun. Zu einem günstigen Preis – wenn man das Preisniveau zuhause als Maßstab anlegt. Für moldauische Verhältnisse diniert man doch eher im gehobenen Preissegment. Dementsprechend fallen auch die Portionen nicht proletarisch üppig aus. Man wird dennoch satt. Die Gerichte sind traditionell usbekisch, kasachisch und auch uigurisch. Wie in allen Restaurants in Moldawien lässt das Ambiente nichts zu wünschen übrig.

www.caravan.restorator.md/index.php/en/

El Paso

Wie der Name schon andeutet, wird hier mexikanische Küche serviert. Ein kleines, aber feines Restaurant, nicht weit von der Innenstadt entfernt.

El Paso, Strada Armenească 10, Tel.: (+373) 22 921 166

La Boucherie und Café de Paris

Französische Küche wird durch das Restaurant La Boucherie und Café de Paris serviert. Diese Lokale werden von zwei französischen Bürgern betrieben. Der Kunde wird in einem gemütlichen Ambiente empfangen, im Hintergrund ist Jazz Musik hörbar und traditionelle, französische Küche und Grill-Gerichte von Feinsten machen dem Kunden den Besuch unvergesslich. La Boucherie ist jeden Tag geöffnet.

Café de Paris liegt im Herzen von Chisinau, es bietet eine einfache französische Küche, Cocktails und französische Vorspeisen, Grillgerichte über dem Holzfeuer und ebenfalls nette musikalische Abende.

Restaurant La Boucherie, str. Kogalniceanu 1, Tel.: (+373) 22 27 33 92

Café de Paris, str. Eminescu 55, Tel.: (+373) 22 92 63 13

La Placinte und Andy's Pizza

Hier handelt es sich um zwei verschwisterte Gastronomieketten. Man bekommt darin gutes Essen für den kleinen Geldbeutel. Bei Andy's Pizza kann man gegen den großen Hunger angehen: mit Pizzen (3-4 Euro), Burger, gegrillten Gerichten (4-5 Euro), Pasta (2,5-3,5 Euro) und Nachspeisen, aber auch Salate (2-3 Euro) und Suppen für die zierlichen Moldawierinnen. Die nichttraditionellen Gerichte wie Pizza oder Pasta schmecken gut, dennoch vermisst man den unvergesslichen, italienischen Geschmack.

Bei La Placinte verrät schon der Name seinen moldawischen Charakter, denn "placinta" ist ein typisch moldawisches Gericht: gefüllter Teig mit Quark, Kartoffeln und Sauerkraut, der schließlich in einer Pfanne gebraten wird. Das Ambiente dieses Restaurants hat ein authentisches Flair, man fühlt sich wie im Salon eines moldawischen Hauses, genannt auch "Casa mare", ein Zimmer wo die Gäste empfangen werden. An den Wänden hängen gemusterte Teppiche mit moldawischen Elementen, handgemachte Tonkrüge und Teller.

In diesem Restaurant isst man typische moldawische Gerichte wie Placinte (Pasteten, etwa 2 Euro), Invirtita (Strudel, ca. 2 Euro), Mititei (große Cevapcici, 3-4 Euro), Cirnaciori (Würstchen, 3-4 Euro) und andere moldawische Köstlichkeiten. Auch hier sind die Preise für das moldawische Portemonnaie angemessen.

NACHTLEBEN

Die Hauptstadt von Moldawien nicht bei Nacht zu entdecken, wäre zu schade, denn Chisinau ist eine lebhafte Stadt, die unter chronischer Schlaflosigkeit leidet. Tatsächlich zählt Chisinaus Nachtleben zu den größten Attraktionen Moldawiens. Zahlreiche Nachtclubs stehen zur Verfügung sowohl für die junge Generation als auch für die Älteren. Wer sich eine hübsche Moldawierin ergattern möchte, sollte ein paar Nachtclubadressen kennen. In einigen der Nachtclubs ist der Eintritt für die Mädels gratis während die Männer bezahlen. Bei manchen Clubs zahlt man nur den Konsum, nicht aber den Eintritt.

Cocos Privé - Nachtclub, Cocktail-Bar, Bar

Die Mädels müssen hier den Türsteher überwinden, d.h. sehr hohe Schuhe, schöne und sexy Bekleidung muss vorzuweisen sein. Lassen sie sich mit guter Musik, gutem Service, in einem schönen Ambiente die Nacht unvergesslich machen.

Adresse: Chisinau, str. Tricolorului, 34; Tel: (+373) 79-722-221; (+373) 69-001-690

Fashion

Dieser exclusive Club richtet nationale und internationale Veranstaltungen aus. Er ist eine schöne Mischung zwischen guter Musik und Mode.

Chisinau, str. Decebal, 2/1; Tel: (+373) 78-535-353

Taboo

Moderner und chicker Club. Einen Tisch hier zu bestellen kostet ab 30 Euro.

Chisinau, str. Grenoble 193. Tel: (+373) 69 611 611

Monaco

Ein Club, der immer voll mit Studenten ist. Der kleine Tisch kostet ab 21 Euro. Der große Tisch kostet bis 53 Euro.

Chisinau, str. Calea Mosilor, 18 Tel: (+373) 78 009 009

Drive

Am Rande der Stadt befindet sich eine weitere gute Nachtclubadresse.

Chisinau, str. Calea Orheiului 109 Tel: (+373) 69 646464 / (+373) 79 646464

Aktiv

Einen Tisch zu bestellen kostet nichts, es wird nur der Konsum bezahlt.

Chisinau, Dacia bd., 27 Tel: (+373 22) 53 50 90 ; (+373) 68 53 88 66

Decadance

Hier kostet der Eintritt für Jungs knapp über 5 Euro, für die Mädels fast 3 Euro.

Chisinau, Albisoara, 40/1
Tel: (+ 373) 79 888 777

KARAOKE CLUBS

Karaoke ist hier zwar kein Volkssport, wie in Japan, aber es erfreut sich großer Beliebtheit.

Art Club Karaoke

Der Raum in dunklen Schokoladentönen erlaubt es, den Text aus jeder Ecke zu sehen. Der Club besitzt eine herausragende Akustik, professionelle Ausrüstung, Kellner und Barkeeper, die gut singen können.

Chisinau 2/4, Negruzzi bd.
Tel: (+373) 7955555**2**

Karaoke Concert Club

Europäische und Japanische Küche, hochwertige Akustik, Shisha rauchen.

Adresse: Chisinau, Albisoara 4;
Tel: (+373) 22 88 44 88

HERUMKOMMEN IN CHISINAU

Taxi

Für Touristen ohne Moldawien-Erfahrung ist ein Taxi die praktikabelste Lösung, um von einem Ort an den anderen zu kommen. Mittlerweile kann man mit ein wenig Glück sogar einen Taxifahrer erwischen, der einen Touristen nicht übervorteilt. Dann ist ein Taxi nicht nur schnell, sondern auch günstig. Interessant wird es, wenn Sie quer durch die Stadt wollen und den Fahrer zu Schnelligkeit motivieren. Es ist eine Kunstform, die unzähligen Schlaglöcher zu umfahren, und dabei keinen der auseinanderspritzenden Fußgänger zu erwischen.

Zur Orientierung: die ziemlich weite Fahrt zum Flughafen kostet etwa 100 Lei (6 Euro).

Trolley-Busse

Die Busse, die Strom an der Oberleitung abnehmen, nennt man Trolley-Busse. Auch in Moldawien. Beim Abbiegen kann es vorkommen, dass der Busfahrer aussteigt, um die Stromabnehmer auf eine andere Leitung zu setzen. Das Alter der Busse variiert zwischen vorsintflutlich und neu. Im Inneren ist das Gedränge oft sehr groß. Aber in jeder Sardinenbüchse ist noch Platz genug, wo sich ein Fahrkartenverkäufer hindurchdrängt und Sie zur Kasse bittet. Bei gerade mal zwei Lei pro Fahrt (ca. 11 Cent) ist dies aber zu verschmerzen. Nach dem Umsteigen in eine andere Linie muss wieder ein neues Ticket gekauft werden. Komplizierte Zonen und Zeitkartengedöns gibt es hier nicht. Welche Linie benötigt wird, ist dann schon eher kompliziert, denn Pläne gibt es hier ebenfalls nicht. Informationen gibt es auf einer inoffiziellen Webseite: http://md4ever.com/explore/transportation/bus/index.html.

Mini-Busse

Sie sind die Stiefkinder der Stadt. Der zunehmende Bedarf an öffentlichen Verkehrsmitteln wurde eine Zeit lang durch Kleinbusse mit etwa 20 Sitzplätzen gedeckt. Die Anzahl der Stehplätze schien nach oben hin offen. Die "Minibus" oder "Microbus" genannten Fahrzeuge machen nun einen nicht unerheblichen Teil des

Straßenverkehres aus. Auch die Regionen Moldawiens werden oft durch Minibusse miteinander verbunden. Aber es gab schon schwere Unfälle mit zahlreichen Opfern. Die Fahrweise der Chauffeure ist mit Sicherheitsbedürfnissen oft nicht zu vereinen. Seit einiger zeit ist das Stehen in Bussen eingeschränkt. Im Inneren von Chisinau werden sukzessive Minibuslinien durch Trolleybusse ersetzt. Das Verkehrsbild Chisinaus ändert sich.

Noch aber gibt es die Minibusse. Eine Fahrt kostet momentan drei Lei, soll aber auf fünf Lei erhöht werden. Welche Linie Sie benötigen, müssen Sie sich moldawien-typisch erfragen.

SEHENSWERTES

Sehenswert ist Chisinau allemal. Wenn auch nicht auf die Art, wie man das von anderen europäischen Hauptstädten erwarten würde. Es handelt sich nicht um eine "Stadt der Hundert Türme" oder ein "Venedig des Ostens". Was Schönheit und Eleganz angeht, kann es noch nicht mal mit Minsk mithalten. Man muss schon in anderen Kategorien denken, um der Stadt Sehenswertes abzuringen. Beispielsweise sollte man dem zentralen Markt (Piata Centrala) ein paar Stunden widmen, denn innerhalb der EU findet man sicherlich nichts Vergleichbares. Die Art und Weise, wie sich der Personennahverkehr mit all den Minibussen organisiert, dürfte ebenfalls kein Pendant in westlicheren Städten haben. Doch gilt es, schnell zu sein, sich schnell alles anzusehen, denn mit jedem Jahr EU-Annäherung geht ein Teil des "Charmes" verloren.

Das "Stefan cel Mare"-Denkmal

Dem großen, siegreichen Fürsten, der die geschundenen moldawischen Seelen mit einem Funken nationaler Identität und historischer Signifikanz versieht, sind in jeder Stadt die besten Straßen und prominentesten Plätze gewidmet. Manchmal, so auch in Chisinau, wurde ihm sogar ein Denkmal gesetzt. Den Schwerpunkt der Stadt bildend, reckt der Krieger und Klostererbauer ein Kreuz in den Himmel, um ihn herum die wichtigsten Plätze und bedeutendsten Gebäude des Landes.

Stefan der Große war einer der ersten Herrscher des frühen Fürstentums Moldau. Er wehrte sich gegen Feinde aus allen Himmelsrichtungen, errichtete Festungen und vor allem baute er Klöster. Im Jahre 1433 geboren bestieg er 1457 den Thron und starb erst 1504. Nach seinem Ableben wurde er im rumänisch-moldauischen Volksgedächtnis zum idealen Herrscher stilisiert, dessen Andenken mit größter Ehrfurcht und nicht minder großem Ernst betrieben wird. Die Statue in Chisinau bringt dies anschaulich zum Ausdruck. Für Touristen ist sie ein absolutes Muss, denn dar-

um herum gruppieren sich die anderen wichtigsten Sehenswürdigkeiten der Stadt, so dass man mit wenigen Schritten alles gesehen hat.

Der Triumphbogen

Gleich gegenüber dem Regierungssitz befindet sich der Triumphbogen (oder "Heiliges Tor" oder auch "Siegesbogen"). Er wurde 1841 vom Architecten Luka Zauckevici erbaut. War er ursprünglich ein Symbol für den Sieg über das osmanische Reich, so ist er heutezutage natürlich ein Andenken an den Triumph über den Faschismus im zweiten Weltkrieg.

Kathedrale der Geburt des Herrn

Im Park mit dem Triumphbogen steht prominent die Kathedrale der Geburt des Herrn (Catedrala „Naşterea Domnului Nostru Iisus Hristos"). Die Initiative zum Bau der Kirche geht auf das Jahr 1817 zurück. Das Projekt wurde damals aber abgelehnt. Erst 1826 beauftragte der Generalgouverneur von Bessarabien den Architekten Avraam Melnikov mit dem Bau. Nachdem der Bau erst 1830

Abb.: Der Triumphbogen. Den Hintergrund bildet das Parlamentsgebäude. Die Zelte sind Ausdruck einer Protestbewegung gegen die Politiker, nicht differenzierend zwischen Regierung und Opposition, die sich in den Augen der Bevölkerung an Korruption und Räubermanier nicht viel nimmt.

begonnen wurde und die Bauarbeiten sechs Jahre dauerten, konnte die Kathedrale mit Glockenturm am 13. Oktober 1836 eingeweiht werden.

Im zweiten Weltkrieg erlitt die Kirche beim Abzug der russischen Truppen einige Beschädigungen. In der kurzen rumänischen Zeit bis zum Ende des Krieges wurde die Kirche wieder renoviert.

In der Nacht vom 22. zum 23. Dezember 1962 wurde auf Befehl der kommunistischen Behörden der Kirchturm gesprengt und die Kirche zur Messehalle umfunktioniert. Nach dem Zerfall der Sowjetunion wurde die Kathedrale wieder zum Gotteshaus und bis 1996 renoviert. Auch der Glockenturm wurde bis 1997 wieder aufgebaut.

Die Allee der klassischen Autoren

Im "Ştefan cel Mare"-Park (der Park direkt hinter der Statue) befindet sich die Allee der klassischen Autoren. Es handelt sich um Büsten von 27 herausragenden Schriftstellern des Rumänischen, die teilweise auch politisch aktiv waren. Bei dem Begriff "klassisch" geht es aber nicht um eine rumänische "Klassik"-Epoche, sondern einfach um das Beste, das die rumänische Literatur herausgebracht hat. Die Idee dazu hatte der Künstler Alexandru Plămădeală. 1958 wurde die Allee mit den ersten 12 Büsten eröffnet. Nach dem Zerfall der Sowjetunion wurden nach und nach noch weitere Künstler verewigt, die während der Sowjetzeit verboten waren. Die Allee findet ihren Höhepunkt im Aleksandr Puşkin-Monument, der 28. Büste.

Der Park lohnt nicht nur wegen den klassischen Autoren, er bietet mit

dem zentralen Springbrunnen ein hervorragendes Fotomotiv und freies WiFi. Grundsätzlich bieten viele Parks und Plätze freies Internet. Wenn sich Studenten mit Laptops auf den Bänken finden, lohnt sich ein Blick in den WLan-Manager.

Weitere wichtige Gebäude im Bereich des Stefan cel Mare Denkmals...

... sind das Regierungsgebäude (südöstlich der Statue, gegenüber des Triumphbogens), das Parlamentsgebäude (nordwestlich des Parks), das in einer kleinen Revolution 2009 etwas beschädigt wurde, dem gegenüber der Präsidentenpalast und abschließend der Palast der Republik (ein auffallend kommunistischer Bau südwestlich des Parks, entlang der Str. Bucuresti). Alles Gebäude von veritabler Größe und Ausstrahlung, einer Republik Moldau zur Ehre gereichend. Sämtliche, um die Gunst der Republik buhlende Staatsoberhäupter halten hier irgendwo ihre

Rede, schütteln Hände und legen Kränze ab.

Der Piața Centrală

Wenn auch Moldawien nicht mit echten Sehenswürdigkeiten glänzen kann – im Vergleich zu einem Eiffelturm, Kolosseum oder einer Rüdesheimer Drosselgasse stinkt jeder noch so große Weinkeller einfach ab – so sind die letzten großen Abenteuer Europas in dessen Osten zu finden. Der zentrale Marktplatz in Chisinau ist ein Muss für jeden Moldawien-Touristen, denn er ist so vollständig anders als mitteleuropäische Märkte. Man müsste schon sehr viel weiter in den Osten fahren um ähnlich Spektakuläres sehen zu können, nach Mumbai zum Beispiel. Marktstand an Marktstand reihen sich innerhalb der Mauern des Platzes, teilweise nur so wenig Platz lassend, dass Entgegenkommende nur mit Körperkontakt aneinander vorbeikommen. Der Markt quillt über. Auch außerhalb der Mauern bieten

die Bauern ihre Ware feil. Es gibt Nebenmarktplätze und Nebengebäude, ein wahres Labyrinth. Insbesondere der Gang durch die Fleischhalle ist lohnend, da in besonderer Weise exotisch.

Einkaufen kann man dort alles was in ein Auto passt: von der Bettpfanne bis zum Schweinskopf. Was man dort einkaufen sollte? Die haute couture ist nicht die Stärke eines moldawischen Bauernmarktes, viel eher die ländlichen Erzeugnisse wie Gemüse, Kräuter und Tee. Aber Vorsicht! Behalten Sie ihr Geld im Auge. Taschendiebe fühlen sich im Gedränge des Marktes pudelwohl. Lassen Sie die Geldbörse nicht locker in der hinteren Hosentasche, sondern erwägen Sie den Kauf eines Brustbeutels.

Eingänge sind z.B. in der Str. Armeneasca oder Str. Ismail

Ein paar Kirchen...

Die älteste Kirche in Chisinau ist die Kirche zur Geburt der heiligen Jungfrau Maria ("**Naşterea Maicii Domnului**") in der Straße Mazarachi 3. Sie wurde im Jahr 1752 von Vasile Măzărache, dem damaligen Schatzmeister der Stadt erbaut. Die Kirche steht auf einem Hügel, auf dem im 17. Jahrhundert eine Festung von den Osmanen zerstört wurde. Die Architektur gilt als typisch für das moldawische Mittelalter. Die Malerei im Inneren wurde 1936 von B. Nesvedov erstellt. Am Fuße des Hügels markiert ein Stein die Stelle einer Quelle, die der Stadt den Namen gegeben haben soll. Die Quelle heißt "chisla noua", was sehr altes rumänisch ist und vermutlich soviel wie "neue Quelle" bedeutet. Die Kirche steht

heute im Schatten von hässlichen Plattenbauten aus der kommunistischen Zeit.

Auch nennenswert ist die Kirche Sankt Theodor von Sihla ("**Sfânta Cuvioasa Teodora de la Sihla**", Str. Pushkin 20a). Sie wurde im Jahr 1895 als Kapelle des Semstwo-Mädchengymnasiums gebaut. Architekt war Alexandru Bernardazzi, der beispielsweise auch die Sankt-Pantelimon-Kirche entwarf. Im Jahr der Eröffnung der Kirche wurde Theodor von Sihla heilig gesprochen. Während der Sowjet-Zeit, nach dem zweiten Weltkrieg wurde das Gebäude zeitweise als Museum für den wissenschaftlichen Atheismus genutzt. 1993 wurde die Kirche aber wieder ihrer ursprünglichen Bestimmung zugeführt. Am 20. August 1995 feierte man mit 100 Priestern aus Moldawien und Rumänien den 100. Jahrestag der Gründung.

Die schon erwähnte Kirche Sankt Pantelimon ("**Sfantul Pantelimon**", Str. Vlaicu Pircalab 42 A) wurde 1891 erbaut. Das Geld dafür stellten die Brüder Ioan und Victor Sinadino bereit. Im Untergeschoß ist eine Grabesstätte für 26 Angehörige und Nachfahren der Brüder reserviert.

Das Nationalmuseum für Geschichte

Es dürfte wohl eines der aufwändigsten Museen in Moldawien sein, denn die Ausstellungen verteilen sich über etliche Räume und man braucht auch bei gezügeltem Interesse über eine Stunde für die Uniform- und Münzsammlungen, die Darstellung eines Kriegsschauplatzes des zweiten Weltkriegs oder dem ganzen Archäologie-Krempel. Vor allem zu sehen sind Beispiele für historische Museumspädagogik.

Als Dauerausstellungen werden die Evolution des Menschen in der Vorgeschichte, so wie eine Abteilung der mittelalterlichen Geschichte dargestellt. Interessierte für Archeologie können hier mehrere tausende von Gegenständen aus dem Paläolithikum bis hin zum Mittelalter bestaunen. Die Sammlung der Geschichte beinhaltet wertvolle Gegenstände wie Musikinstrumente, Möbelstücke, Landkarten und Plänen. Weitere bemerkenswerte Sammlungen sind die Waffen- und Rüstungssammlung, eine Münzsammlung oder eine Fotografiesammlung, die Bauer oder Stadtbewohner, dokumentieren. Mehr Info auf www.nationalmuseum.md

Adresse: 31 August 1989, 121 A

Nationalmuseum für Volkerkunde und Naturgeschichte

Dieses Museum gilt als das älteste Museum Moldawiens. In dem am Ende des 19. Jahrhunderts errichteten Gebäude befand sich ursprünglich eine Ausstellung über Landwirtschaft. Die Museumsfachrichtung änderte sich mehrfach von Museum für Zoologie, Landwirtschaft bis hin zum Staatlichen Museum für Heimatkunde (1983). Mit der Gründung der Republik Moldau spezialisierte sich das Museum auf das Studium der Natur und Kultur von Bessarabien und trägt heutzutage den Name "Nationalmuseum für Völkerkunde und Naturgeschichte". Das Museum beinhaltet paläontologische, geologische, zoologische, ethnografische und andere wertvollen Sammlungen. Die Dauerausstellung bezieht sich auf die Thematik "Natur-Mensch-Kultur" und erstreckt sich über eine Fläche von 2000 m^2. Eine Museumsführung ist im Voraus per e-mail zu buchen (office@muzeu.md)

Adresse: Mihail Kogalniceanu 82
Web: www.muzeu.md

Milestii Mici

Zweifellos zu den Top-Highlights in Moldawien und den wenigen echten, richtigen, tollen Sehenswürdigkeiten gehört das Weingut Mileștii Mici. Es gilt als größte Weinsammlung der Welt (laut Guinness Buch der Rekorde)! Zu Fuß erschließt man sich die Örtlichkeit nicht, denn dann müsste man mehrere Male unterirdisch campieren, damit man sich einen Eindruck machen kann. Der Komplex erstreckt sich über 120 km unterirdischer Stollen! Es war ein ehemaliges Bergwerk mit insgesamt 250 km Ausdehnung. Bei einer Besichtigung wird deshalb kurzerhand mit dem eigenen Auto eingefahren, mit einem Führer auf dem Beifahrersitz. Man fährt allerdings nur einen kleinen Teil der Katakomben ab. Zu sehen gibt es neben den Lagerstollen auch einen Wasserfall und etliche hübsche Räume, in denen als Höhepunkt der Tour Wein serviert

wird. Musikanten begleiten dieses Gelage und machen richtig Laune, nur der Fahrer des Autos ist irgendwie genervt. Während der Tour wird immer wieder angehalten und Einblick in die Produktion des Weines gegeben.

Die Weine sind teilweise recht alt und gelten als besonders gut. Nicht jede Zunge würde dies bestätigen. Angeblich hat die britische Queen Mom dort schon eingekauft. Dies können Sie im Anschluss an die Tour im Shop auch tun. Es gibt dort Raritäten zum kleinen Preis, schlagen Sie also zu. Wer kann schon 20 Jahre alte Weine servieren?

Wer unangemeldet kommt, macht sich dort unbeliebt, denn jedem Auto eine Führung in entsprechender Sprache zur Verfügung zu stellen verlangt natürlich einiges an Planung. Melden Sie sich vor Ihrem Besuch also unbedingt an, auch damit sicher ist, dass genügend Verköstigung zur Verfügung steht.

Mileștii Mici liegt leicht außerhalb von Ialoveni, was wiederum nur leicht außerhalb von Chisinau liegt. Koordinaten: 46.920806, 28.820342; Web: www.milestii-mici.md

Cricova

Auch im Einflussbereich von Chisinau liegt die Weinkellerei Cricova. Nicht nur der Weinkeller ist deutlich bekannter als Milestii Mici, auch die Weine finden sich in deutlich mehr Regalen. Das muss an einem besseren Marketing liegen, denn weder der Weinkeller noch die Qualität der Erzeugnisse legt die größere Verbreitung nahe. Nach Milestii Mici ist Cricova "nur" der zweitgrößte unterirdische Weinkeller der Welt. Die Keller von Cricova waren ursprünglich eine Mine, die sich 85 Meter unter Erdoberfläche befinden. Zu dieser unterirdischen Stadt gehören Superlative wie die goldenen Weinsammlungen, die zu den größten in der Welt zählen oder die Lagerung von alten Weinsorten aus dem Jahre 1902. Die Sammlung von Hermann Göring wurde als Reparationsgeld für den zweiten Weltkrieg geschenkt. Die Kollektion, die als altes kulturelles Erbe zählt wird jedes Jahr erweitert. Über eine Million wertvoller Flaschen aus unterschiedlichen Zeiten und Ländern werden hier gelagert. Außerdem hat diese Kollektion die Ehre, Weine wie "Ostern in Jerusalem" oder "Liqueur Jan Becher" aufzubewahren.

Wie in Milestii Mici, werden die Straßen nach den Weinsorten benannt, z.B. Cabernet, Pinot Noir, Chardonnay oder eher autochtone Bezeichnungen wie Feteasca oder Codru. Die Temperatur der Keller ist über das ganze Jahr konstant zwischen 10-13 °C. Das Unternehmen "Cricova" wurde in 1952 gegründet. Die Weinexperten nutzen diesen Ort auch als Forschungszentrum, um die Geheimnisse der Qualitätsweine zu entdecken. Testen Sie die Weine und urteilen Sie selbst, ob es noch immer Geheimnisse sind. Sekt wird hier nach der Methode der Champagne in Frankreich hergestellt. Der moldawische Wein aus Cricova wird in mehr als 28 Länder exportiert. Wichtige Persönlichkeiten haben Cricova besucht: z.B. Yuriy Gagarin oder Wladimir Putin, der sein 50. Geburtstag hier feiern ließ. Der Wein "Negru de Purcari" wird sogar an das königliche Haus in Großbritannien geliefert.

Cricova ist die größte touristische Sehenswürdigkeit Moldawiens. Es gehört gesetzlich zum kulturellen Erbe Moldawiens. Als Gast sollte man auf jeden Fall die erstklassigen Weine in speziellen Räumen degustieren. Cricova verfügt über fünf Degustationssäle und sogar einem Präsidentschaftssaal, der nur zu offiziellen staatlichen Besuchen genutzt wird. Die Reliefe in diesen Räumen beschreiben die Tradition des Weinbaus. Der europäische Saal wird für geschäftliche Zwecke verwendet und der Saal "Casa Mare" gibt ein typisches moldawisches Gästezimmer wider. Jeder der Moldawien besucht, sollte Cricova gesehen haben, denn die Region Cricova gehört schließlich zu den zehn größten Weinbauregionen der Welt.

Abb.: Einer der prächtigen Degustiersäle der Weinkellerei Cricova, beliebt bei allerlei Festivitäten wie Hochzeiten und Geburtstage. Auch Wladimir Putin hat hier schon gefeiert.

Moldaus Klöster

Klöster sind aus Moldawien nicht wegzudenken. Ob spartanisch, in den Fels gehauen oder große Komplexe mit angeschlossener Heilwasserquelle, sie sind beliebte Ausflugziele und verstehen dies in Geld umzusetzen. Sie sind Vorreiter der moldauischen Tourismusindustrie.

Orheiul Vechi

"Orheiul Vechi" übersetzt sich ins Deutsche mit "das alte Orhei". Heute existiert es überwiegend in Form von Ruinen, Höhlen und Kirchen im Bereich der Ortschaften Butuceni und Trebujeni. Da dort nach dem zweiten Weltkrieg einiges an Archäologie betrieben wurde, nennt man das Areal den "archäologischen Komplex Orheiul Vechi", das heute eines der herausragendsten und schönsten touristischen Attraktionen Moldawiens darstellt – ein "Muss" für jeden der ach so wenigen Touristen.

Vom Ufer einer Mäander des Flusses Răut geht es steile Klippen hinauf, in die sich orthodoxe Mönche des 13. Jahrhunderts Höhlen geschlagen haben und dort ein Kloster bildeten. Die Kavernen sind sehr tief in relativ weichen Kalkstein geschlagen. Es gibt viele von ihnen, teilweise sind sie aber nur durch schwierige Kletterei zu erreichen, also für Touristen nicht geeignet. Aber die prominentesten sind touristisch erschlossen, inklusive dem obligatorisch abgenötigten Kleingeld.

Man sollte unbedingt hineingehen, denn bei der Armut an Sehenswürdigkeiten des Landes ist dies

Abb.: Die in Fels gehauene Klosterkirche Orheiul Vechi. Die Kirche oberhalb, die auf den Fels gebaut wurde ist allenfalls von touristischem Wert, hat aber keine geschichtliche Bedeutung.

sicherlich ein Highlight. Wer rumänisch oder russisch spricht, kann auch Fragen an den Mönch stellen, der dort, immer anwesend, über sein bisschen erbetteltes Geld wacht. Das Leben ist nicht gerade luxuriös in so einer Höhle, denn es fehlen Errungen-schaften wie fließendes Wasser, elektrischer Strom oder weiche Betten.

Geschlafen wird auf in Stein gehauenen Liegeplätzen. Es gibt dort haufenweise dieser Höhlen, die aber in der Regel keinen Anspruch auf die Bezeichnung Sehenswürdigkeit verdienen. Dennoch sollte man wissen, dass einige davon schon von den Dakern und Geten Jahrhunderte vor Christi Geburt in den Fels gehauen wurden.

Abb.: Schlafplätze, die heutzutage wohl kaum noch Anwendung finden dürften.

Wie in allen orthodoxen Klöstern und Kirchen (und auch in vielen anderen Gebetsstätten dieser Erde) sollte man Respekt zeigen und auf allzu leichte Bekleidung verzichten. Kurze Hosen oder Röcke, schulterfreie Tops sind nicht gern gesehen. Frauen werden mitunter gebeten, den Kopf mit einem Tuch zu bedecken.

Zum Kloster gehört die Klosterkirche oberhalb, auf dem Hochplateau. Es ist ein schöner Spaziergang mit einer wundervollen Aussicht auf weiteren historischen Boden, denn auf dem gegenüberliegenden Flussufer verbergen sich Ruinen von Burgen und vielen anderen Gebäuden. Die Klosterkirche ist der Jungfrau Maria gewidmet, stammt aber erst aus dem Jahre 1905. Während der Sowjetzeit war sie geschlossen, wurde erst 1996 wieder eröffnet.

Die Burgruine bei Butuceni ist das älteste was Orhei Vechi zu bieten hat. Sie stammt wahrscheinlich aus dem 5. Jahrhundert v. Chr. Schon im 8. Jhd. v. Chr. wurde der Hügel zum ersten mal besiedelt. Diese Siedler bauten nicht nur Zitadellen, sondern auch mächtige Mauern, von denen aber heute kaum noch was zu sehen ist.

Butuceni selbst ist ein sehr malerischer Ort. Wer noch nicht weiß, wie er sich ein typisches moldawisches Dorf vorstellen soll, der kann sich dort einen Eindruck machen.

Auf der anderen Seite des Flusses finden sich die oben erwähnten mittelalterlichen Ruinen. Sie stammen teilweise aus der Zeit der Goldenen Horde, ein mongolischer Staat des 14. Jahrhunderts, der sich im Westen bis zu seiner westlichsten Befestigungsanlage in Orhei Vechi erstreckte. Auch nach den Mongolen wurde der strategisch günstige Ort zum Zwecke des Machterhalts ausgebaut. Beispielsweise stammen einige Gemäuer aus der Zeit Ştefan cel Mare's.

Im Besucherzentrum an der Brücke über den Răut kann man sich vor Ort über den Komplex informieren.

Das Kloster Capriana

40 km nordwestlich von Chisinau befindet sich die älteste Klosteranlage Moldawiens, Capriana. Die Legende besagt, dass Stefan cel Mare nach dem harten Kampf mit den Tataren nach Suceava zurückkehrte und in einen Wald kam, wo er einen Hirsch sah. Seine Armee versuchte ihn zu fangen. Vor Furcht, begann der Hirsch zu zittern, kniete nieder und fing an zu weinen. Erstaunt von diesem Wunder befiehlt Stefan cel Mare an dieser Stelle ein Kloster zu errichten. Zur gleichen Zeit wurde Stefan benachrichtigt, dass seine Frau eine Tochter "Ana" auf die Welt gebracht hatte. Auf Rumänisch nennt man Hirsch "caprioara", deswegen bildete man aus den zwei Wörtern "capri" und "Ana", die Bezeichnung "Capriana", den Namen des heutigen Klosters. Abgesehen von der Legende erfolgte die erste Erwähnung des Klosters in 1429 von Alexandru cel Bun. Mit seinem Namen verbindet man die Errichtung des Klosters. Anfang des 19. Jahrhunderts wurde es nach einem Erdbeben von Gavriil Banulescu renoviert. Der Kloster-Komplex beinhaltet drei Kirchen: "Adormirea Maicii Domnului" und die Kirchen "Sf. Gheorge" und "Sf. Nicolai", die im 19. und 20. Jahrhundert gebaut wurden. Die älteste Kirche "Adormirea Maicii Domnului" wurde aus Holz und später aus Stein gebaut. Nach dem zweiten Weltkrieg wurden alle Mönche vertrieben und ein Pflegeheim für Tuberkulosekranke Kinder daraus gemacht. Heutzutage verfügt das Kloster über ein Hotel für Wallfahrer, ein Museum, das Grab von Banulescu Bodoni und viele weitere bemerkenswerte Schätze.

Das Kloster Curchi

Gelegen in der malerischen Gegend der "Codrii Orheiului" ("codrii" bezeichnet die dichten Wälder im Zentrum Moldawiens) befindet sich 14 km südwestlich von Orhei ein architektonisches Wahrzeichen Moldawiens - der Kloster-Komplex Curchi (sprich "Kurk"). Eine Legende besagt, dass eines der Klöster im Komplex von Stefan-cel-Mare gegründet wurde. Allerdings wurden die Winterkirche "Sankt Dumitru" von Iordache Curchi Ende des 18. Jahrhunderts und die Sommerkirche "Nasterea Maicii Domnului" (Jungfrau Maria) Anfang des 19. Jahrhunderts gebaut. Dank der Größe, Schönheit und des Reichtums wurde der Komplex eines der bedeutsamsten Klöster Moldawiens, das übrigens auch UNESCO-

Weltkulturerbe ist. Das barocke Gebäude der Sommerkirche wurde nach einem Projekt des italienischen Architekts Bartolomeo Rastrelli errichtet. Diese Kathedrale mit einer Höhe von 57 m gehört zu den höchsten Moldawiens. Während des zweiten Weltkriegs lebte König Mihai von Rumänien hier und trug dann auch dazu bei, die bombardierten Gebäude des Komplexes zu restaurieren. Während der Sowjet-Zeit wurden die Mönche vertrieben, die

Abb.: Eine der Klosterkirchen in Curchi. Die Winterkirche ist etwas kleiner und besser zu beheizen.

religiösen Bücher verbrannt und die Gebäude in einen Nachtclub oder ein Lager verwandelt. Später machte die sowjetische Regierung ein Krankenhaus für Menschen mit psychischen Problemen daraus. Nach dem UDSSR-Zerfall öffnete das Kloster Curchi wiedert die Türen für die Gläubigen. Erst in 2002 wurde der Komplex an die Verwaltung der Orthodoxen Kirche Moldawiens übergeben. Heutzutage ist das Kloster Curchi komplett von Geschäftsleuten und Gläubigen renoviert und freut sich auf Besucher aus Moldawien und der ganzen Welt.

Das Kloster Saharna

Der Kloster-Komplex Saharna, 90 km nördlich von Chisinau, befindet sich auf dem gleichnamigen Naturschutzgebiet. Die Wasserfälle und die steilen Felsen beeindrucken nicht nur die Einwohner dieser Gegend, sondern auch Besucher aus dem ganzen Land. Von 22 Wasserfällen hat der Höchste eine Höhe von 5 m und bildet einen Teich mit einer Tiefe von 10 m, genannt auch "die Grube des Zigeuners". Die Gründung der Kirche Sf. Treime (Hl. Dreifaltigkeit) geht auf eine Legende zurück, die besagt, dass der Abt Bartholomäus eine Kriche bauen wollte aber keinen Ort bestimmen konnte. Er betete 40 Tage und 40 Nächte auf dem Fels "Grimedon". Am vierzigsten Tag erschien ihm die Heilige Maria, die ihn anwies, die Kirche zwischen den drei

Felsen zu errichten. Der Fußabdruck der heiligen Jungfrau Maria ist auch heutzutage in der Kapelle auf dem Felsen Grimedon gegenüber des Kloster-Komplexes zu bewundern. Am Fuß des Felsens befinden sich heute drei Kirchen: die Kirche Sf. Treime, Nasterea Maicii Domnului und die Kirche Sf. Nicolae. Das Felsenkloster, das einen halben Kilometer von dem gesamten Komplex entfernt ist, wurde im 14. Jahrhundert gebaut. In der Kirche Sf. Treime kann man die Reliquien des heiligen Makarie bewundern. Dieser war einst ein Priester, der mit gerade mal 22 Jahren Abt für mehrere Klöster wie Japca, Cuselauca und Neamt war. Der Priester Makarie verstarb im Alter von 87 Jahren. Bei Ausgrabungen am Grab des Priesters haben die Menschen entdeckt, dass 90% seines Körpers nicht verfallen war. Sie waren dermaßen von diesem Wunder beeindruckt, dass sie ihn heilig sprechen ließen. Mehrere wunderwirkende Ikonen werden in der Winterkirche Nasterea Maicii Domnului aufbewahrt. Verlässt man den Kloster-Komplex Saharna und läuft in den Wald hinein, findet man ein Becken mit heiligem Wasser. Viele Pilger kommen hierher - auch in den kälteren Zeiten - sich zu baden um

sowohl die Seele als auch den Körper zu heilen. Während der Sowjetzeit wurden die Kirchen Sf. Treime und Nasterea Maicii Domnului jeweils als Nachtclub bzw. Krankenhaus für behinderte Kinder genutzt. Da der Kloster-Komplex nahe am russischsprachigen Transnistrien liegt, werden die Messen sowohl in russisch als auch in rumännisch gehalten.

Das Kloster Tipova

Noch ein Felsenkloster. Was man sonst kaum kennt, scheint in Moldawien ubiquitär zu sein. Wie Orheiul Vechi ist das Kloster Tipova sehr alt (6.Jhd. v.Chr.). Ebenso besteht es aus vielen Höhlen, die für Sandalen-Touristen gar nicht alle zugänglich sind. Muss es auch nicht, denn mit den zugänglichen Höhlen gewinnt man genug Eindruck. Die Kammern sind in den weichen Kalkstein am Ufer des Nistru geschlagen. Wunderschön gelegen, inmitten grüner Natur, mit Blick auf den Fluss, macht es dennoch nicht Lust das ein oder andere Jahr als Mönch hier zu verbringen, denn die Entbehrungen sind augenscheinlich. Wer von den harten Liegestätten und elektrizitätsfreien Räumlichkeiten noch nicht abgeschreckt ist, sollte sich auf den Weg zur öffentlichen Toilette machen, um

Abb.: Ein Teil des Klosters Saharna

dort seine Notdurft zu verrichten. Dann weiß man, dass diese Mönche ihren Gott sehr lieben müssen.

Wie alle Klöster in Moldawien weißt auch Tipovas Geschichte eine Stefan-cel-Mare Legende auf: er soll hier geheiratet haben. Selbstverständlich haben die Sowjets das Kloster geschlossen und nach der Wende wurde es wieder eröffnet.

Tipova ist am Besten mit dem Auto erreichbar (oder mit dem Bus, wenn Sie ihn mitbringen). Auf der Straße von Orhei nach Rezina geht es mal rechts weg, sogar mit Wegweiser, schließlich fährt man zu einem der bekanntesten Klöster Moldaus.

Ein Satz allgemein noch zum Besuch von orthodoxen Kirchen und Klöstern: angemessene Kleidung ist Pflicht. Das betrifft vor allem Frauen. Oft gilt eine Kopftuchpflicht für Frauen. Als Touristin sollte man am Besten immer eines mit sich führen. Beim Betreten der Gebäude werden Sie oftmals aufgefordert sich zu bedecken, Kopftücher werden verliehen. Kurze Röcke und Hosen sollten vermieden werden. Auch schulterfreie Tops werden in Kirchen nicht gern gesehen, weder in Italien noch in der Republik Moldau.

Abb.: Die öffentliche Toilette des Klosters Tipova. Für die Meisten etwas zu öffentlich.

Soroca

Festungsstadt am Nistru

Soroca liegt im äußersten Nordosten des Landes am Fluss Nistru an der Grenze zur Ukraine. Es ist bekannt für die alte Festung und dem Zigeunerhügel, wo die Zigeuner ihren angesammelten Reichtum in protzige Häuser und Autos umsetzen. Die Häuser sind architektonisch "bemerkenswert", schaffen es aber des öfteren nicht über das Stadium der Bauruine hinaus. Die Stadt gilt unter Moldawiern als die Hauptstadt der Roma, offiziellen Quellen zufolge ist der Anteil der Roma aber mit 3% nur unwesentlich höher als in anderen Städten. Ab dem 2. Weltkrieg begannen sich dort die reichsten Zigeuner Osteuropas anzusiedeln.

Das Gebiet von Soroca war schon im Neolithikum besiedelt, wie Archäologen durch Funde von Siedlungen belegen können. An einer Furt zur Durchquerung des Nistrus gelegen, war die Stadt im Mittelalter ein wichtiger Handelsknoten. Damals wurde sie Olihonia genannt. Durch die Furt war sie auch in militärischer Hinsicht ein strategisch wichtiger Punkt, weshalb im 15. Jahrhundert der moldauische Fürst Stephan cel Mare eine bis heute erhaltene Festung bauen ließ. In Dokumenten aus dem Jahre 1499 wird die Stadt zum ersten mal Soroca genannt, was sich von dem rumänischen Wort sarac "arm" ableitet.

Bis zum 2. Weltkrieg war etwa die Hälfte der Bevölkerung Sorocas

jüdisch. Diese flohen dann teilweise in die Ukraine und wurden von den Deutschen zurückgebracht, in ein Lager nahe Soroca. Dies fand im August 1941 statt, in dem das Lager auf 26000 Inhaftierte anschwoll. Die Sterberate lag bei 170 Häftlingen pro Tag (Quelle: www.holocaust-chrono-logie.de).

Die Festung

Ein Festungs-Vorläufer aus Holz wurde wahrscheinlich von Stefan cel Mare gebaut, ganz sicher ist das aber nicht. Die Steinburg entstand erst später, um 1545 während der Herrschaft von Petru Rares. Und genau so ist sie heute noch erhalten. Sie ist kreisrund und die 5 Türme stehen in gleichem Abstand zueinander. Wer rein geht, kann über Treppen die Türme hoch und um die Mauer gehen. Ein spektakuläres Burgmuseum mit anhängendem Shop mit Postkarten und Magneten gibt es nicht. Die Anlage wurde 2015 renoviert. Die Türme haben ein Holzdach bekommen. Viele Abbildungen der Burg sind jetzt veraltet.

Die Burg wurde an einer der wenigen Furten des ansonsten tiefen und gefährlichen Nistrus gebaut. Sie sollte das mittelalterliche Moldawien vor Tataren und anderen Angreifern schützen, wurde aber selbstverständlich immer wieder mal erobert, auch mal abgebrannt und wieder aufgebaut in der wechselvollen Geschichte des Landes mit wechselnden Besatzern.

Aufgrund der ungewöhnlichen Architektur der Festung und des Mangels an alternativen mittelalterlichen Gebäuden in Moldawien ist es für jeden Touristen ein lohnendes Objekt.

Der Zigeunerhügel

Politisch korrekt zu bleiben bei der Beschreibung des Zigeunerhügels fällt schwer. Er heißt nun mal so. Auch sollte man nicht die Menschen verurteilen, die hier offensichtlich versuchen, ihre eigene Macht und finanzielle Potenz zur Schau zu stellen, denn in welcher Kultur geschieht das nicht? Auf dem Zigeunerhügel geschiegt es in einer Weise, in der die moldawische Mentalität anschaulich zum Ausdruck kommt: geprotzt wird gern und übermäßig durch Häuser und Autos, nur hat man überhaupt

kein Händchen für Planung und auch kein Talent für Ästhetik. All dies macht den Zigeunerhügel sehenswert. Man findet dort mächtige Häuser, die sich gegenseitig übertrumpfen oder zumindest es irgendwann einmal nach Fertigstellung tun werden. Diese lässt sicherlich noch einige Jährchen auf sich warten. Solange fehlt eben die Farbe oder es fehlen die Fenster, mindestens fehlt aber die Gartenanlage. Auch wenn man sich hier wirklich Mühe gibt, schaffte man es nicht, diesem typisch moldawischen Flair der "Verstaubtheit" zu entkommen. Vielleicht liegt es an den Straßen, die entsprechend schlecht oder nicht geteert sind, oder einfach nur mit Bauschutt befestigt wurden. Sehenswert ist der Hügel allemal, nur fühlt man sich als Tourist mit Kamera und Shorts wie ein Eindringling in Privates und dementsprechend unwillkommen. Vielleicht sollte man jemanden ansprechen, der einen dann herumführt. Vielleicht würde das dazu führen, dass das touristische Potenzial durch die Einheimischen entdeckt wird, dann müsste man zwar Souvenir-Shops in Kauf nehmen, man wüsste aber dass man willkommen ist.

Lumînarea Recunostintei – Die Kerze der Dankbarkeit

Von weither zu sehen ist die "Kerze der Dankbarkeit", wenn man auf dem Weg nach Soroca ist. Auf einem Hügel über dem Nistru liegend hat man von dort einen fantastischen Ausblick über den Fluss und in die Ukraine hinein. Von einem Parkplatz an der Straße geht es in unzähligen Stufen hinauf (es sind mehr als 600). Endlich erblickt man den 29 m hohen Turm mit der stilisierten Flamme darauf. Oben angekommen schöpft man erst mal Atem. Atemberaubend ist dann die Aussicht, die man – nach Luft ringend – auf das Geländer gestützt zu genießen versucht. Wieder bei Kräften wagt sich der Eine oder Andere schon mal ins Innere, in Erwartung eines weiteren Highlights, und wird enttäuscht. Natürlich gibt es im Inneren einen goldverzierten Altar

mit Marienbild und allem, was eine orthodoxe Kapelle so braucht, aber allein dafür sollte man die Treppe nicht in Kauf nehmen. Insgesamt jedoch entschädigt die Anlage für die Mühe des Aufstiegs. Mittlerweile kostet die Kapelle Eintritt und es gibt dort für ein paar Lei eine Führung in rumänisch, in der unter anderem die genaue Anzahl der Stufen genannt wird. Sie zu zählen ist also nicht notwendig.

Die Anlage wurde erst am 27. März 2004 eröffnet. Sie ist eine Initiative des Schriftstellers Ion Druță, der damit an alle zerstörten moldawischen Kulturdenkmäler erinnern, und auch eine touristische Attraktion schaffen wollte. Das ist ihm gelungen. Die Kerze ist ständig besucht und nicht selten findet man Hochzeitspaare, die dort ihr Hochzeitsalbum mit imposanten Fotografien aufzubessern suchen.

Bălți

Industriestadt im Norden

Mit etwa 150000 Einwohnern ist Balti die zweitgrößte Stadt Moldawiens und das pulsierende Zentrum des Nordens. Dort sind viele wichtige Industriebetriebe angesiedelt, außerdem hat man eine eigene Universität und ein Theater. Von Weitem schon sieht man die vielen Plattenbauten, die leider das Stadtbild etwas prägen. Für Touristen gibt es hier eigentlich nichts, was es in Chisinau nicht besser gibt. Dennoch könnte der Reisende auf seinem Trip durch das Land eine der vielen Unterkunfts-Möglichkeiten nutzen. Noch ist das Flair der Stadt deutlich kommunistischer als in Chisinau, für Ostalgie Suchende ist Tiraspol aber viel interessanter.

Das Vasile Alecsandri-Nationaltheater

Am Vasile Alecsandri-Platz in Bălți ist das prominenteste Bauwerk

Abb.: Das Stefan-cel-Mare Denkmal in Balti wirkt stärker auf den Betrachter als das Pendant in Chisinau.

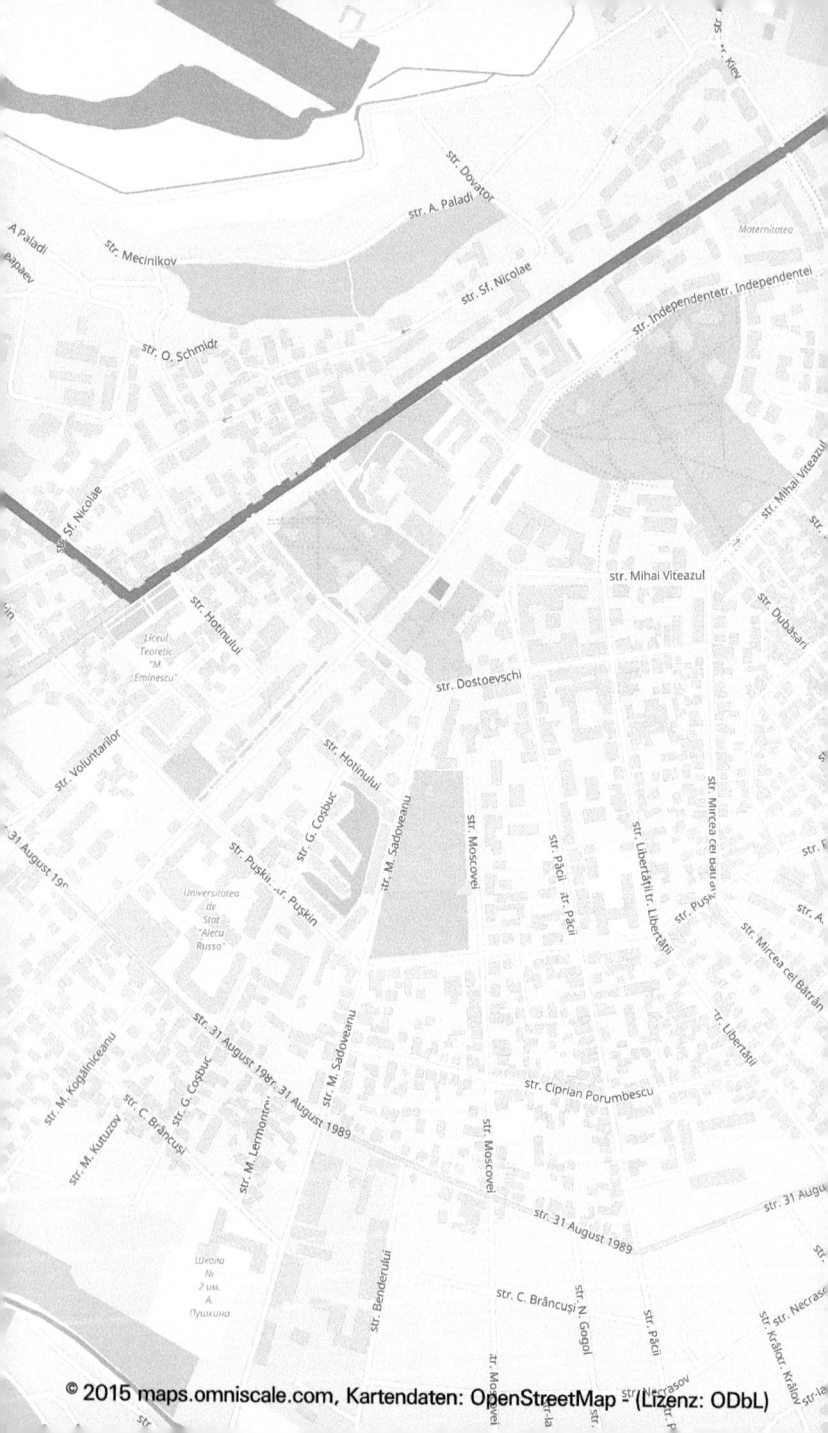

das Vasile Alecsandri-Nationaltheater. Es wurde am 16. Mai 1957 gegründet und am 16. Mai 1990 zum Nationaltheater erhoben. Es beinhaltet einen großen Theatersaal (584 Sitze; Balkon) mit kreisrunder Bühne, und einen kleinen Saal, in dem beispielsweise Inszenierungen von Studenten der Alecu Russo-Universität zur Aufführung kommen. Der kleine Saal trägt den Namen des bekanntesten Schauspielers des Theaters: Michai Volontir. Das Repertoire des Theaters sind hauptsächlich Werke aus Moldawien und Rumänien.

Alecu Russo Universität

Alecu Russo (*17.03.1819, †05.02.1859) war nicht nur moldawischer Schriftsteller, er war auch Kritiker und Publizist. 1945 beschließen die Volkskommissare der UdSSR und der Teilrepublik Moldawiens die Gründung der staatlichen Universität mit den beiden Fakultäten Geschichte und Philologie, Naturwissenschaften und Geographie. Geplant war die Zulassung von 120 Studenten. Zuerst fand man Platz im Finanzamt und in Schulen, alles Gebäude aus den '30er Jahren. Im Laufe der Jahre wurde die Universität immer wieder erweitert und umfasst heute acht Fakultäten. Die Bachelor- und Master-Studiengänge sind in den Bologna-Prozess eingegliedert. Die sehr große Bibliothek umfasst mehr als eine Million Bücher in 42 Sprachen und ist elektronisch auf dem neuesten Stand. Mehr als 6000 Studenten nutzen die Einrichtungen.

Die Konstantin und Elena-Kirche

Die "Catedrala Sfinţii Împăraţi Constantin şi Elena din Bălţi" gehört wohl zu den prominentesten Kirchen in Moldawien. Nahe der Universität von Bălţi ist sie ein Blickfang und wohltuend angenehm für das sonst sehr strapazierte Auge. Die Grundsteinlegung wurde am 28. September 1924 feierlich in Anwesenheit vieler Prominenter (u.a. Prinz Karl von Rumänien) zelebriert. Wegen knapper Kassen durch die Weltwirtschaftskrise zog sich der Bau über

Abb.: Eines der umstrittenen Panzerdenkmäler in Moldawien. Während man anderswo die Erinnerung an die russische Besatzungsmacht beseitigte, hat man sich in Balti für einen Verbleib des Denkmals entschieden.

einige Jahre hin. Die Kathedrale konnte erst am 02. Juni 1934 eingeweiht werden. Die Kirche ist im neobyzantinischen Stil erbaut. Federführender Architekt war Valentin Voiţehovschi. Nicht nur der Hauptturm ist mit seinen 46 m beindruckend hoch, auch das Innere der Kathedrale ist mit Platz für mehr als 1000 Gläubige großzügig bemessen. Die Fresken sind klassisch byzantinisch und wurden von 2002 bis 2004 restauriert. Während der Sowjet-Ära wurde die Kirche leider als Lagerhalle benutzt, ab 1961 als Museum für Geschichte und Ethnografie. All dies überstand die Kirche jedoch relativ unbeschadet.

Vadul lui Vodă

Der Ballermann Moldawiens

Wer sich von den Moldawiern die Reise an die Schwarzmeerküste in der Ukraine nicht leisten kann, der fährt nach Vadul lui Voda. So war es jedenfalls lange Zeit. Mit steigendem Wohlstand durch Emigration hat sich die Zielgruppe etwas verschoben. Heute sind es eher die Sommer-Heimkehrer, die sich zwischendurch an einem nahegelegenen Strand vergnügen wollen. Dieser Strand ist nicht weit von Chisinau, ist aber nicht an einem Meer gelegen, sondern am Fluss Nistru.

Angebote

In erster Linie findet sich dort ein gar nicht mal so übler Sandstrand, groß genug, um auch an heißen Wochenenden genügend Platz zu bieten. Zur Abkühlung geht man in den Fluss. Dies ist für Nichtschwimmer nicht zu empfehlen! Jedes Jahr hört man erneut von Ertrunkenen. Für Schwimmer scheint es unbedenklich, denn die Strömung ist nicht stark, jedoch halten sich Gerüchte von gefährlichen Strudeln, die vor allem Kinder in die Tiefe reißen könnten. Mittlerweile ist das Baden dort sogar verboten.

Wer sich vom Verbot nicht abhalten lassen will, ins Wasser zu gehen, wird vielleicht von der Wasserqualität abgeschreckt. Es erfordert schon einiges an Überwindung sich in die dreckbraunen, schaumumkränzten Wellen zu stürzen. Es heißt, die Cholera ist hier auf dem Vormarsch! All diese Umstände erklären den etwas heruntergekommenen Eindruck, den die Gebäude hier machen. Der Glanz früherer Tage ist offensichtlich vorbei.

Wie an jedem guten Strand, gibt es auch hier allerlei Attraktionen: Rutschen, Bootsfahrten, diverse aufblasbare Schwimmobjekte die von schnellen Booten wild umhergezogen werden und andere "TÜV-geprüfte" Publikumsmagnete. Wer es ruhiger mag, der kann eine der vielen Strandbars und Terassen nutzen um beispielsweise ein moldawisches Bier mit getrockneten Sardellen oder Erdnüssen zu genießen.

Unterkünfte

In Vadul lui Voda gibt es jede Menge Unterkünfte: Vom Camping-Platz bis zum 4-Sterne Hotel. Beliebt sind kleine Ferienhäuschen, in denen die ganze Familie unterkommen kann. Mit einer kurzen Suche im Internet findet man für jeden Geldbeutel das Passende. Die Buchung wird allerdings schwieriger, denn auch hier - wie in ganz Moldawien - hat sich Englisch oder gar Deutsch nicht recht durchgesetzt. Wer rumänisch, russisch oder zumindest französisch kann, ist im Vorteil.

Der Süden

Gagausien und mehr (?)

Man mag dem Süden der Republik Moldau unrecht tun, wenn man behauptet, es gäbe dort nichts außer Ackerbau und Walnussbäume, aber beim Durchqueren gewinnt man einen solchen Eindruck. Natürlich muss man dagegenhalten, dass auch viel Wein angebaut wird, dass die Landschaft an der ein oder anderen Stelle auch mal durch eine Ortschaft (meist sehr bäuerlich) aufgelockert wird, ja, diese Ortschaften aufgrund der Größe manchmal regelrecht Städte genannt werden sollten. Wenn man genau hinschaut, muss man auch anerkennen, dass mit dem Donauhafen im äußersten Süden genaugenommen sogar ein wirtschaftliches Zentrum existiert. Nur bietet das Land außer dem schieren Übermaß an Land und offenbarer Armut dem Touristen nicht sonderlich viel.

Genau in diesem Umstand sollte der unorthodoxe Moldawien-Reisende seine Chance sehen!

Fahren Sie in den Süden! Die Straßen sind gesäumt von Walnussbäumen. Im Herbst sieht man die Menschen mit langen Stangen die Nüsse von den Bäumen schlagen und am Straßenrand verkaufen. Auf den Feldern werden oft die schönsten Sonnenblumen angebaut. Manchmal findet sich auch eine Plantage von Wassermelonen. Kaufen Sie diese, wenn Sie die Chance haben. Sie sind köstlich und sehr viel billiger als in unseren Supermärkten (selbst wenn Sie als Ausländer einen "Spezialpreis" bezahlen). Wenn Sie erst mal die Einflusssphäre Chisinaus hinter sich gelassen haben, werden die Straßen immer schlechter. Richtig schlecht. Der Straßenbau rückt zwar unaufhaltsam Richtung Süden vor, es wird aber noch eine Weile dauern bis die schlechtesten Straßen Europas verloren sind. Nutzen Sie die Zeit bis dahin! Nirgendwo weit und breit finden Sie solche Bedingungen zum Autofahren. Sie werden Ihren Kindern und Enkeln noch davon erzählen. Bitte planen Sie aber für ihre Strecke mehr Zeit ein, denn Sie kommen nicht allzu schnell vorwärts.

Comrat

Comrat ist Hauptstadt Gagausiens (sprich: Gaga-usien). Das überrascht, denn man sieht dem Ort die Hauptstadt nicht an. Mit einer Einwohnerzahl, die sich irgendwo bei 25000 bewegt, ist sie auch nicht besonders groß. Gagausien insgesamt hat gerade mal gut 160000 Bewohner. Das Volk der Gagausen ist ein Überbleibsel aus der Herrschaft des Osmanischen Reiches. Ihre Sprache ist dem Türkischen verwandt, die Religion christlich-orthodox. Das Gebiet Gagausiens - es erstreckt sich von Comrat mit Unterbrechungen bis südlich von Vulkanesti - bildet ein autonomes Gebiet innerhalb Moldawiens. Insbesondere haben sie ein eigenes Parlament, das den prowestlichen Bestrebungen in Chisinau bestenfalls Zweitsprache.

Museum der gagausischen Kultur in Beşalma

Im Ort Beşalma südlich von Comrat gibt es ein Museum, das uns die gagausische Geschichte und Kultur näher bringt. Es enthält Bilder, Schuhe, Trachten, eine Abteilung die den 2. Weltkrieg thematisiert und viele Dinge des alltäglichen Lebens. Gegründet wurde dieses Museum in Eigeninitiative eines Dimitri Karaçoban zu Zeiten, da das alles noch Sowjetunion war. Dies ist eine der Top-Sehenswürdigkeiten südlich von Chisinau! Sie werden nicht enttäuscht werden, denn Sie bringen für den Besuch sicherlich wissenschaftliche Neugier und Bescheidenheit in Ihrer Erwartungshaltung mit. Eine russische Führung ist im günstigen Eintrittspreis enthalten. Wenn Sie des russischen nicht mächtig sind, könnte es sein, dass die Museumsdirektorin all ihren Wortschatz auf rumänisch, englisch und deutsch aktiviert und Ihnen mit Unterstützung von Händen und Füßen den Stoff vermittelt.

Abb.: Die Lenin-Statue in Comrat

sehr kritisch gegenüber steht (eine Leninstatue lässt so etwas schon vermuten). Man sieht sehr viel kyrillische Schrift in der Stadt und könnte Probleme mit der Verständigung bekommen, denn rumänisch ist dort

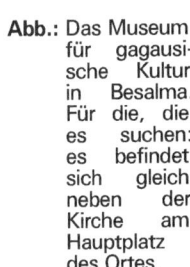

Abb.: Das Museum für gagausische Kultur in Besalma. Für die, die es suchen: es befindet sich gleich neben der Kirche am Hauptplatz des Ortes.

Abb.: Die Universität in Cahul

Cahul

Cahul ist die größte Stadt des Südens. Das schlägt sich in der Präsenz eines "Andy's Pizza" nieder. Bemerkenswert ist auch noch das Vorhandensein einer Universität. Vielleicht möchte man sich im örtlichen Sanatorium "Nufarul Alb" (weiße Seerose) etwas erholen. Das Wasser sei sehr brom- und iodhaltig und hilft bei vielerlei Leiden. Das örtliche Museum klärt über die örtliche Geschichte auf. Es gibt außerdem ein Panzerdenkmal, ein Kanonendenkmal und einen großen Stadtpark mit Kirche. Das Schlendern durch die Stadt ist kurzweilig und nicht allzu unerfreulich, für den Süden geradezu herausragend.

Giurgiulesti International Free Port

Moldawien hat keinen Zugang zum Meer. Das Schwarze Meer ist nicht weit, aber die gesamte Küste gehört zur Ukraine und zu Rumäni-en. An der südlichsten Spitze des Landes, beim Ort Giurgiulesti, hat man aber ein paar hundert Meter Donauufer, von wo aus es nur wenige schiffbare Kilometer zum Meer sind. Seit 2008 gibt es dort einen Freihafen mit anhängigem Indus-triegebiet und moderner Infrastruk-tur. Unweit gibt es einen Grenzübergang nach Rumänien.

ÜBERNACHTUNG

Das Costelhostel

Der Süden Moldawiens bietet in erster Linie Natur, dann nochmal Natur und man findet hier noch die größten Reservate an schlechten Straßen. Wer das erleben möchte - und was anderes könnte man in Moldawien zu erleben suchen - ist in der Situation, sich eine Unterkunft suchen zu müssen. Konsequenterweise sollte man dann auf das dünne Angebot an Hotels verzichten, und eher privat unterkommen. Eine solche Möglichkeit ist das Costelhostel. Es liegt im Ort Roşu, nördlich von Cahul. Der Eigentümer Konstantin (kurz Costa) bietet das volle Moldawien-Programm für den kleinen Geldbeutel:

- die typischen Schlafsofas
- die "draußen"-Toilette (aber auch die komfortable Version drinnen)
- eine Öko-Dusche, draußen (wiederum auch die komfortable Version drinnen)
- ein kleines Frühstück
- der Kontakt zu Mitbewohnern, vor allem aber zu ihm
- Zugriff auf Reiseführer
- Wifi
- Parkmöglichkeit (für alle, die es trotz der schlechten Straße bis zum Haus schaffen)
- und, und, und ...

Costa achtet sehr darauf, dass er möglichst ökologisch wirtschaftet. Wem das wichtig ist, findet hier sicherlich die richtige Unterkunft und einen tollen Ansprechpartner. Das Hostel ist ein gewöhnliches Haus, als ob man also bei irgendeinem moldawischen Bauer unterkommt, nur deutlich hygienischer. Es kommt weder in Bad noch Küche ein Ekelgefühl auf, wie das normalerweise der Fall wäre. Da das Costelhostel sehr grenznah gelegen ist, kann man sich mit dem Mobiltelefon im rumänischen Netz einbuchen und ggfs. von günstigeren Tarifen profitieren. Es befindet sich im Dorf Roşu bei Cahul. Gleich am Dorfeingang links den Berg hoch. Schon die Anfahrt bietet ein Erlebnis, wie es moldawischer kaum sein kann. Einfach langsam fahren und die tiefsten Rillen vermeiden. Straße Ion Creanga 15. Klingeln und keine Angst vor dem Hund haben!

Buchen kann man entweder über den direkten Kontakt oder auf Booking.com oder Airbnb.com:

www.costelhostel.com;
www.constantinfurtuna.com

(+373 69072674)

Autofahren in Moldawien

Ein Extrakapitel für einige Sicherheitshinweise

Sollten Sie jemals in die Verlegenheit kommen, in der Republik Moldau - oder Moldawien, wie man es üblicherweise nennt - Autofahren zu müssen, wäre es sicherer, Sie täten das nicht unvorbereitet. Es lauern dort viele Gefahren, die der etwas unbedarfte westeuropäische Autofahrer unterschätzt oder denen er gar völlig ignorant ist.

Gründe für das Autofahren in Moldawien gibt es unzählige. Beispielsweise könnten Sie verschleppt worden sein und sind auf der Flucht. Oder Sie wollen Ihre Verwandten in Rumänien besuchen und Ihr Navi hat sich etwas vertan. Was auch vorkommen kann ist, dass Sie Depressionen haben und als Therapie wollen Sie einfach mal sehen, dass es Anderen viel schlechter geht und wie gut Sie es doch Zuhause haben. Dafür eignet sich Moldawien sicherlich sehr gut, denn es liegt verhältnismäßig nah und hat dennoch alles, was einem beispielsweise die mongolische Steppe oder eine nigerianische Stadt zu bieten hat. Touristen, so wie wir sie aus Europa oder Japan kennen, meiden das Land auffällig. Man trifft sie vereinzelt an, dann werden Herzlichkeiten ausgetauscht und es fallen Fragen wie "Gibt es etwas, das Ihnen hier gefallen hat?" oder "wo ist die beste Straße weg von hier?"

Welches Schicksal Sie auch immer mit einem Auto nach Moldawien verschlagen hat, Sie sollten dort auf keinen Fall mit dem eigenen Auto fahren! Es sei denn, Sie suchen den Nervenkitzel. Dann ja, aber ansonsten ist ein Mietwagen angebracht. Oder Sie klauen sich ein Auto, falls Sie auf der oben erwähnten Flucht sind. Sie müssen wissen, in Moldawien zählt jeder gefahrene Kilometer vielfach. Es gibt Leute - vor allem Einheimische - die behaupten, dass so ein Auto, egal in welchem Zustand es war, nach 75000 moldawischen Kilometern Schrottwert nur noch knapp übersteigt. Ein moldawischer Meter ist übrigens genau so vom Ur-Meter in Paris abgeleitet, wie jeder andere Meter auch, es ist nur das intensive sinnliche Erleben, das die

Abb.: Schlechte Straßen. Bald nur noch ein Klischee?

Länge deutlich länger erscheinen lässt. Ein Auto ist auch dieser sonderbaren "Raumstreckung" unterworfen. Ursache für dieses Phänomen ist natürlich nicht irgendeine Quantenanomalie, sondern schlicht der erbärmliche Zustand der Straßen. Auftretende Schlaglöcher werden nicht oder nur sehr zögerlich ausgebessert. Viele der Löcher haben Potential, Ursache eines beträchtlichen Reifenschadens zu sein. Die weniger Harmlosen jedoch verursachen Achsbrüche und können üble Verletzungen hervorrufen.

Sie glauben mir nicht? In jedem noch so kleinen Ort gibt es mindestens einen Reifenhändler. Die Schilder mit der Aufschrift "Vulkanizare" (rumänisch, etwa "Reifenhändler") sind so ubiquitär, dass auch dem begriffstutzigsten Ausländer schnell klar wird, dass die Vokabel nichts mit Vulkanen zu tun haben kann. Ich bin dort Straßen gefahren, an denen kein Stückchen des Originalbelags zu se-

hen war, denn dieser war im Lauf der Zeit immer wieder ausgebessert worden, Flicken für Flicken, und besteht jetzt nur noch aus Flicken. Man könnte eine regelrechte Flickenstratigraphie betreiben.

Diese Abschnitte sind aber leider die Ausnahme. Leider? Ja, denn sie sind zweifellos besser zu fahren als Straßen, die nicht ausgebessert werden. Der ungeübte Westeuropäer der sein Auto schonen will befährt sie mit immerhin etwa 60 Stundenkilometern. Nach einer Woche in Moldawien hat er diese Vorsicht aufgegeben und fährt schon 80 km/h. Dann wird man aber noch immer von den meisten Eingeborenen überholt, die ein ungeheures Maß an Skrupellosigkeit und Gleichgültigkeit dem Auto gegenüber an den Tag legen. Es ist kaum nachzuvollziehen, wie man auf diesen Straßen so schnell fahren kann. Die Schlaglöcher tauchen oft so unvermittelt auf, dass kaum Zeit zum Reagieren bleibt. Ich bin nicht sicher, ob bei höherer Geschwindigkeit ein Rad signifikant weniger in ein Loch eintaucht, es sozusagen überfliegt. Ich war nie mutig genug dies auszuprobieren. Angesichts der Abgründe - ach was sage ich: Höllenschlünde - die sich manchmal vor einem auf tun ist dies aber verständlich.

Ich weiß nicht wie Sie sich im Straßenverkehr bewegen, ich habe aber Grund anzunehmen, dass auch Ihre Aufmerksamkeit überwiegend den anderen Straßenverkehrsteil-

Abb.: Eine ganz andere Art des Selbstverständnisses moldawischer Autofahrerinnen.

nehmern gilt und den Einrichtungen, die dieses Teilen des gemeinsamen Spielfeldes (um nicht zu sagen "Schlachtfeldes") zu regeln versucht. Wir nehmen also Ampeln, Zebrastreifen, Linien aller Couleur, Radfahrer, am Straßenrand spielende Kinder deren Ball auf die Straße rollt und auch den berühmten Schulbus wahr, der uns zum vorsichtigen Vorbeifahren gemahnt. Unser Aufmerksamkeitsfeld ist also tendenziell zum Straßenrand hin gerichtet, auch auf Autos auf den

Abb.: So gesehen an einer der neuen, vierspurigen Schnellstraßen

Straßen und die Ampeln über den Autos. Im Prinzip gilt unsere Aufmerksamkeit allem, außer der Straße selbst. Wir sind von Kindesbeinen an darauf geprägt. Unsere Synapsen sind entsprechend verbunden, wir sind gewissermaßen biologisch darauf getrimmt.

So gesehen unterscheidet sich der Homo sapiens sapiens moldowenensis auch biologisch von uns. Seine Aufmerksamkeit gilt dem Straßenbelag, speziell an den Stellen, an denen er fehlt. Er erkennt sie von Weitem, bei Nacht und Nebel, auch mit defektem Scheinwerfer. Sein Gehirn lokalisiert und kategorisiert die Unebenheiten, errechnet automatisch eine optimale Route zur Schlaglochvermeidung und hat noch Kapazitäten für eine Unterhaltung mit der eben mitgenommenen Anhalterin. Wenn da mal ein Fußgänger übersehen wird, ist das nur menschlich.

Fahren Sie also vorsichtig in Moldawien! Fahren Sie besonders vorsichtig an Stellen, an denen auch die Einheimischen langsam fahren. Dann haben Sie besonders knifflige Herausforderungen vor sich. Halten Sie am Besten an und inspizieren die "Straße" bevor sie weiter fahren. Sollten Sie an eine Stelle kommen, an der auch die Einheimischen aussteigen und die Straße inspizieren, dann ... äh ... Gnade Ihnen Gott.

Angesichts der Strassenverhältnisse erscheint manches der wenigen aufgestellten Schilder wie Hohn: eine Hinterlassenschaft des verblichenen kommunistischen Staatsgebildes, das sich durch Spott an uns kapitalistischen Vertretern rächt. Wenn die Strasse auf 70 km/h begrenzt wird schleicht man maximal mit 40 am Schild vorbei. Bei einer Begrenzung auf 50 haben nur noch Fahrer von Geländewagen Spaß. Das Zeichen "unebene Fahrbahn" ist völlig bedeutungslos. Meist ist die Strasse so schlecht, dass man die Aufmerksamkeit eh' nicht auf etwaige Schilder richten kann, so dass man diese Spott-Installationen kaum wahrnimmt.

Zum Glück wird auf Bahnübergänge ausnahmslos hingewiesen. Der westeuropäische Fahrer nimmt diese Hinweisschilder kaum wahr. Selbst wenn auf 20 km/h begrenzt ist nehmen wir diese Hürde schnell und lässig.

Genau darin liegt die Gefahr!!!

Fahren Sie an Bahnübergängen in Moldawien nur Schritttempo!!!

Es ist überhaupt ein Problem, dass wir Westler kaum noch Warnhinweise wahr nehmen. Es müssen schon quadratmetergroße Schilder sein, damit sie uns auffallen. In Moldawien hingegen sind schon die kleinsten Ästchen, die scheinbar zufällig aus dem Asphalt nach oben wachsen, ernstzunehmende Warnungen vor tiefen Löchern oder gar unterspülten Straßen. Wenn Sie also einen Ast oder gar mehrere Äste aus der Straße aufragen sehen, lachen Sie nicht! Die moldawischen Mitbürger machen Sie so auf schlimme Missstände die Straße betreffend aufmerksam. Wo der moldawische Staat überfordert ist - er kann schließlich nicht vor allen Schlaglöchern Schilder aufstellen oder, wie viele fordern, sie sogar ausbessern - hilft sich die Bevölkerung selbst, um sich vor dem Schlimmsten zu bewahren. Ein Loch in der Straße: schnell mal einen Ast reingesteckt, damit sich niemand das Auto ruiniert. Eine Stelle an der der Asphalt unterspült ist: der erste der an dieser Stelle einbricht stellt einen

Ast als Warnhinweis auf. Die Größe der Äste entspricht nicht unbedingt der Größe der Gefahr. Ein zierliches Zweiglein kann auch vor Meteoritenkratern warnen.

Wenn es auch nicht den Anschein hat, werden dennoch laufend Straßen ausgebessert oder sogar neu gebaut. Die Existenz von Baustellen ist deshalb unvermeidlich. Die Zahl der Baustellen scheint jedoch die Zahl der notwendigen Absperrungen und Hinweisschilder bei weitem zu übersteigen. Nicht immer ist deshalb eine Baustelle für uns als solche zu erkennen. Auch in diesem Fall ist uns das einheimische Auge überlegen. Auf der Straße lagerndes Baumaterial, Baumaschinen und aufgerissener Asphalt ist für Einheimische hinreichender Grund, mit einer Baustelle zu rechnen und die Geschwindigkeit anzupassen (was auch immer das heißt). Es ist eine geradezu archaische Art der Baustellenkennzeichnung. Das mag uns eigenartig vorkommen, es sei an dieser Stelle aber darauf verwiesen, dass dem moldawischen Auge die vielen Absperrungen und Schilder an westlichen Baustellen komisch vorkommt, insbesondere da von Baumaschinen und Arbeitern meist nichts zu sehen ist. Leere Baustellenhülsen kontra nacktem Arbeitskoloss: entscheiden Sie selbst. Zugegeben, das mit dem Arbeitskoloss ist übertrieben, der Job des Aufsehers, der bei der Arbeit zusieht, scheint große Verbreitung gefunden zu haben.

An zahllosen Stellen lässt der Straßenbelag eine Passage nur noch an einem Nadelöhr zu, durch das sich der Verkehr aus beiden Richtungen zwängen muss. Egal ob sich die Stelle ganz links, äußerst rechts oder in der Mitte der Straße befindet (oder durch die angrenzende Wiese führt), es gibt in so einem Fall keine Vorfahrtsregelung, auf die Sie sich verlassen können. Grundsätzlich scheinen Autos Vorrang vor Pferdegespannen zu haben. Auch Fahrräder haben hier nix zu melden, aber diese haben in Moldawien eh' verloren. LKW's verhalten sich meist so, als hätten Sie Vorfahrt. Lassen Sie im Zweifel dem Gegenverkehr den Vortritt, es sei denn, Sie haben weitere Autos hinter sich. Diese haben in der Regel keine Geduld mit übervorsichtigen Ausländern und überholen Sie wenn es sein muss auf engstem Raum, nötigen Sie ins gefährliche Abseits und sind dann in einer Staubwolke schon längst verschwunden, bis bei Ihnen der erste Schreck verflogen ist und Sie wieder Atem schöpfen.

Die ungeschriebenen Vorfahrtsregeln bei Überlandfahrten sind vergleichsweise unwichtig. Im Stadtverkehr sollten Sie aber umso mehr alle Sinne beisammen haben, wenn Sie unfallfrei vorankommen wollen. Das erste was auffällt: die Straßen haben keine Striche und Markierungen. Das gilt nicht nur für mehrspurige Straßen, Parkzonen an Straßenrändern, Ampeln und kaum vorhandenen Zebrastreifen, vor allem ist das auch an Kreisverkehren der Fall, und seien sie noch so riesenhaft. Man tastet sich in die Kreuzung hinein. Man nimmt Deckung im Schatten des LKW's, der sich links von ihnen weit weniger vorsichtig in die Kreuzung hineintastet. Dieser LKW hält Ihnen die heranrasenden Verkehrsgegner vom Leib, aber seien Sie vorsichtig: er nimmt auch keine Rücksicht auf Sie. Kreisverkehre scheinen ungeschriebenen Regeln zu gehorchen. Manchmal hält der Kreis und lässt den Verkehr einer wichtigen Straße vor. Warum? Niemand weiß es. Vermutlich nur weil ein irgendjemand sich nicht getraut hat.

Die Straße kennt dort manchmal fast keine Regeln. Die Fahrerei ist gefühlsbetont, fließend. In etwa so wie in Italien, nur mit mehr Aggression, wie in Deutschland. Es mag in Deutschland freundliche Autofahrer geben, aber die finden sich in Chisinau auch. Haben Sie keine Angst. Niemand hat Interesse, sein Auto zu beschädigen. Jeder ist darauf bedacht, Unfälle zu vermeiden. Der Mangel an Regeln hat auch seine Vorteile: Man ist äußerst fehlertolerant. Sie fahren etwas langsam, kein Problem. Man hat schließlich viele alte Ladas, die das auch tun. Sie sind unsicher wohin und stehen unentschlossen in der Kreuzung. Macht nichts. Der Verkehr rast links und rechts an Ihnen vorbei. Sie achten ein wenig zu penibel auf die Vorfahrt Anderer und blockieren damit die Autos hinter Ihnen: Gnade Ihnen Gott!

Die Rücksichtnahme auf Fußgänger ist nicht sehr ausgeprägt. Dafür nehmen die Fußgänger weit mehr Rücksicht auf Autos. Bei Rot über die Ampel gehen ist nicht verbreitet, denn man riskiert sein Leben. Ich hatte mal eine dieser filmreifen Taxifahrten, in der wir dem Fahrer klar machten, dass wir es eilig haben, woraufhin dieser seine Ortskenntnis ausspielte und Abkürzungen nahm, die - gefühlt - so eng waren, dass man mit einer Seite stets auf dem nicht vorhandenen Gehweg fuhr. Diese Gässchen waren von Fußgängern stark frequentiert, die, des Taxis angesichtig, äußerst geschwind die Rennbahn räumten, so dass die Fahrt in atemberaubender Geschwindigkeit und ohne Zwischenfälle stattfinden konnte. Wir erreichten den angestrebten Busbahnhof rechtzeitig, von wo der Bus uns dann mit einiger Verspätung an unsere endgültige Destination brachte.

Übrigens hat man es als Ortsunkundiger nicht einfach in Chisinau. Wegweisende Schilder sind Mangelware und - wenn vorhanden - kaum hilfreich. Ausgeschildert sind Ortschaften außerhalb, die in der Regel nicht Ihr Ziel sind. Bitte legen Sie auch Misstrauen gegenüber Ihrem Navi an den Tag. Bevor Sie einer vorgeschlagenen Route folgen, prüfen Sie sie erst auf Plausibilität. Nutzen Sie die Funktion zur Neuberechnung der Route ausgiebig, wenn sich vor Ort ein Weg als nicht plausibel herausstellt. Seien Sie andererseits nicht zu schüchtern was scheinbare Seitenstraßen angeht. Passen Sie Ihre Kategorie für "nicht plausibel" an die moldawischen Gegebenheiten an. Ich erinnere an der Stelle an den vorher erwähnten Taxifahrer.

Als Autofahrer in Chisinau sollten Sie unbedingt über die Ampelphasen aufgeklärt sein. Es findet sich dort nämlich verbreitet das blinkende Grün. Kein Problem, werden Sie sagen, das findet sich auch in Österreich. Das ist jedoch nicht vergleichbar. Wenn Sie beispielsweise in Graz auf eine grün blinkende Ampel treffen, dann ist das wie eine

Vorwarnung: "Obacht, gleich wirds gelb". Prompt folgt die Gelb-Phase, bei der Sie alle Zeit der Welt haben, das Auto zum Stehen zu bringen (oder noch schnell durchzuhuschen). Sie könnten das blinkende Grün auch ignorieren. Das dürfen Sie nicht in Chisinau. Dort nimmt die grün-blinkende Phase die Position der Gelb-Phase ein. Das eigentliche Gelb blitzt nur für sehr kurze Zeit auf, die Ihnen kaum Zeit zum Reagieren lässt. Wir haben es also mit vier Ampelphasen zu tun:

- Grün: Vorfahrt
- blinkendes Grün: räumen Sie die Kreuzung.
- Gelb: Es ist jetzt zu spät um noch zu handeln. Wenn Sie das blinkende Grün verpasst haben, machen Sie sich auf den Einschlag von Verkehrsgegnern gefasst!
- Rot: Halten.

Es wäre sicher eine interessante soziologisch-historische Studie, um zu ergründen, wie es zu dieser Ampelphasen-Anomalie kommen konnte, dessen ungeachtet sollten Sie dies im Hinterkopf behalten. Beim Schalten von Rot auf Grün wurde an besagten Ampeln komischerweise das Gelb ausgelassen. Angekündigt wird die Grünphase lediglich durch ein kurzes dunkel werden des Rotlichts wenige Sekunden bevor die Ampel umspringt.

Fahren Sie besser raus aufs Land. Es ist dort ruhiger. Man wird nicht so gehetzt. Vieles was wir dort sehen, gibt es zuhause nicht: die öffentlichen Brunnen an der Straße, die vielen Straßenverkäufer, die Pferdefuhrwerke und vieles mehr.

Abb.: Ein Toilettenhäuschen am Straßenrand. Eines der Besseren!

Meine Damen und Herren, wer kennt es nicht, man ist im Auto unterwegs und verspürt das allmählich immer größer werdende Bedürfnis, mehr oder weniger große Geschäfte verrichten zu müssen. Hierzulande ist man dann froh, wenn sich in wenigen Kilometern ein Rastplatz ankündigt. Man lässt dort zwar ein paar Cent, bekommt dafür aber die Möglichkeit, sich gemütlich auf einem frisch gereinigten Toilettensitz niederzulassen, in der Regel unbehelligt von anderen Kunden der Bedürfnisanstalt, und der Dinge zu harren, die anfangs so unausweichlich schienen. Sollte der Rastplatz zu lange auf sich

warten lassen, riskiert man schon mal einen Aufenthalt in der kostengünstigeren aber weniger reinlichen Variante der öffentlichen Toilette an Autobahnparkplätzen. Glücklich, wer da von sich behaupten kann, männlich zu sein und nur pinkeln zu müssen. Von "Sitzung" kann dort normalerweise keine Rede sein, die hygienischen Verhältnisse verbieten das.

Im Moldawien werden Sie überrascht sein, wenn Sie plötzlich ein "WC"-Hinweisschild entdecken, oftmals an Straßen, und denen man allenfalls eine Fuchs- und Hase-Toilette vermutet. Auf Toiletten wird sogar recht häufig hingewiesen. Tankstellen bieten beispielsweise diese Dienste an. Ohne je den Versuch unternommen zu haben, an einer solchen Tankstelle seine Notdurft verrichten zu wollen, vermute ich große qualitative Unterschiede und ebenso große Unterschiede in der Höhe der zu verrichtenden Gebühr, wobei das eine nicht mit dem anderen korrelieren muss. Es gibt aber auch freie öffentliche Toiletten, frei von Tankstellen. Diese sind aber auch frei von Hygiene. Das die Toilette

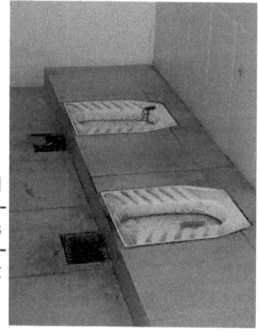

Abb.: So einladend wie von außen ist das Häuschen innen nicht mehr.

umgebende Gebüsch ist weit einladender als die Toilette selbst. Ja, es muss gesagt werden, eine Wüste mit einem vereinzelt dastehenden, dürren Dornbusch (ob brennend oder nicht) ist einladender. Es handelt sich entweder um Einzelplumpsklos oder - in der Luxusvariante - um gemauerte Häuschen mit getrennten Damen- und Herren-Räumlichkeiten, die mit Löchern im Betonboden ausgestattet sind. Diese Löcher scheinen vereinzelt auch von den mutigen Anwendern getroffen worden zu sein, genauso oft aber auch verfehlt. Privatsphäre werden Sie dort genauso wenig finden, wie Toilettenpapier, denn es sind keinerlei Abtrennungen um die Löcher gebaut. Diese Toiletten finden Sie häufig hinter Bushäuschen, manchmal aber auch einfach in der Pampa.

Aber wer von Ihnen, liebe Leser, lässt sich durch stinkende Klos von einer Moldawienreise abschrecken? Genau. Keiner! Das ist doch erst der Grund warum wir dort hin fahren.

Eine Besonderheit stellen die alten, betonierten Bushäuschen dar, die man immer wieder an der Straße sieht. Sie stehen dort, wo die Zubringerstrasse eines nahegelegenen Dorfes auf die Hauptverbindungsstraße trifft. Die Häuschen sind jedes für sich ein Individuum. Es gibt keine zwei gleichen. Jedes ist liebevoll mit Mosaik verziert, solide gearbeitet und hält nun schon seit einigen Jahrzehnten dem Lauf der Zeit stand. Diese Unterstände sind leider vom Aussterben bedroht. Überall werden sie abgerissen und durch ein neues Fabrikat ersetzt. Die Neuen sind mehr ode weniger einheitlich, allenfalls in der Farbe des Anstrichs wird ein wenig variiert. Die Qualität ist schlecht, schon nach wenigen Jahren bröckelt der Putz. Die Architektur ist wenig reizvoll, Einheitsbrei eben. Vielleicht gibt es ja gute Gründe für diese Maßnahmen, Gründe die sich einem nicht auf Anhieb erschließen, es ist auf jeden Fall sehr schade um diese leichtsinnig zerstörten Denkmäler des Kommunismus.

Anders verhält es sich mit den Straßen. Die alten Straßen aus der sowjetischen Zeit sind schon lange kaputt und nicht von guter Qualität. Seit ein paar Jahren werden diese durch neue Straßen ersetzt. Es sind westliche Straßenbau-Konzerne, die dort tätig sind, es ist also anzunehmen, dass die Qualität dann westlichen Standards entsprechen wird. Die verwendeten Materialien eignen sich kaum für den Hausbau, deshalb kann davon ausgegangen werden, dass nichts davon von den Arbeitern heimlich "abgezwackt" wird. Mittlerweile gibt es schon sehr viele Straßenkilometer, die keinen Komfort vermissen lassen, und es werden sehr schnell mehr. Straßenbau boomt in Moldawien! Die Hauptverbindungsstraßen (benannt mit einem M, z.B. M1) sind schon weitgehend gebaut. Man möchte meinen, dass es dafür Zeit wurde und im Land mit den schlechtesten Straßen Europas (mindestens Europas!) ist auch der richtige Ort für diesen Boom. Andererseits geht aber ein großer Teil des Reizes verloren. Ohne die schlechten Straßen ist Moldawien kaum wiederzuerkennen.